中华人民共和国法律法规释义

权威专家编写
释义标准版本

中华人民共和国
保守国家秘密法实施条例释义

李兆宗　王振江／主编
张予西　张耀明／副主编

——北京——

Copyright © 2024 GOLD WALL PRESS CO., LTD., CHINA

本作品一切权利归金城出版社有限公司所有，未经合法许可，严禁以任何方式使用。

图书在版编目（CIP）数据

中华人民共和国保守国家秘密法实施条例释义 / 李兆宗，王振江主编；张予西，张耀明副主编 . -- 北京：金城出版社有限公司：法律出版社，2024.8. -- ISBN 978-7-5155-2650-8

Ⅰ. D922.145

中国国家版本馆 CIP 数据核字第 2024DX7890 号

中华人民共和国保守国家秘密法实施条例释义
ZHONGHUA RENMIN GONGHEGUO BAOSHOU GUOJIA MIMIFA SHISHI TIAOLI SHIYI

主　　编	李兆宗　王振江
副 主 编	张予西　张耀明
责任编辑	陈珊珊　盛菊艳　张红蕊
责任校对	王　璐　王语童
责任印制	李　滨　耿润瑜
开　　本	710 毫米 × 1000 毫米　1/16
印　　张	16.75
字　　数	195 千字
版　　次	2024 年 8 月第 1 版
印　　次	2024 年 8 月第 1 次印刷
印　　刷	三河市兴达印务有限公司
书　　号	ISBN 978-7-5155-2650-8
定　　价	45.00 元

出版发行	金城出版社有限公司	北京市朝阳区利泽东二路 3 号	100102
	法律出版社	北京市丰台区莲花池西里 7 号	100073
网　　　址	www.lawpress.com.cn	销售电话	010-83938349
电子邮箱	info@lawpress.com.cn	客服电话	010-83938350
举报盗版邮箱	jbwq@lawpress.com.cn	咨询电话	010-63939796

版权所有·侵权必究

凡购买本社图书，如有印装错误，我社负责退换。电话：010-83938349

前　　言

2024年6月26日，国务院第35次常务会议审议通过《中华人民共和国保守国家秘密法实施条例（修订草案）》。7月10日，国务院总理李强签署第786号国务院令，公布修订后的《中华人民共和国保守国家秘密法实施条例》（以下简称实施条例），自2024年9月1日起施行。新修订的实施条例深入贯彻党中央关于保密工作的决策部署和习近平总书记重要指示批示精神，坚持总体国家安全观，进一步落实保密法制度规定，明确具体实施举措，为在法治轨道上推进保密工作高质量发展，维护国家主权、安全、发展利益提供了坚实有力的制度保障。

为更好学习宣传贯彻落实实施条例，我们组织编写了《中华人民共和国保守国家秘密法实施条例释义》。本书对实施条例进行了逐条释义，力求对各项规定进行全面、准确阐释，为读者学习、掌握、贯彻实施条例提供帮助。

本书编写组
2024年8月

目　　录

第一部分　释　　义

第一章　总　　则 ……………………………………………… 003

　第 一 条　【制定依据】 ……………………………………… 003

　第 二 条　【保密工作领导体制】 …………………………… 004

　第 三 条　【保密行政管理体制】 …………………………… 006

　第 四 条　【中央国家机关保密工作管理职责】 …………… 008

　第 五 条　【保密与信息公开】 ……………………………… 009

　第 六 条　【机关、单位保密工作责任制】 ………………… 011

　第 七 条　【保密科学技术】 ………………………………… 014

　第 八 条　【保密工作经费预算】 …………………………… 015

　第 九 条　【保密宣传教育】 ………………………………… 016

　第 十 条　【保密专业力量】 ………………………………… 019

　第十一条　【保密表彰奖励】 ………………………………… 020

第二章　国家秘密的范围和密级 ……………………………… 025

　第十二条　【保密事项范围】 ………………………………… 025

　第十三条　【国家秘密事项一览表】 ………………………… 027

　第十四条　【定密责任人确定和履职条件】 ………………… 028

第十五条　【定密责任人职责和履职要求】……………………030

第十六条　【定密授权】……………………………………………032

第十七条　【定密程序和密点标注】……………………………036

第十八条　【派生定密】……………………………………………038

第十九条　【国家秘密保密期限】………………………………039

第二十条　【国家秘密知悉范围】………………………………040

第二十一条　【国家秘密标志】…………………………………041

第二十二条　【国家秘密解除和变更】…………………………043

第二十三条　【机关、单位撤并、分立后国家秘密变更和解除】…045

第二十四条　【定密纠正】………………………………………046

第二十五条　【不明确事项确定】………………………………047

第二十六条　【定密异议制度】…………………………………048

第三章　保密制度……………………………………………051

第二十七条　【国家秘密载体保密管理】………………………051

第二十八条　【国家秘密载体销毁管理】………………………056

第二十九条　【绝密级国家秘密载体保密管理】………………057

第三十条　【密品保密管理】……………………………………059

第三十一条　【保密要害部门、部位确定和确认】……………062

第三十二条　【涉密信息系统分级保护】………………………063

第三十三条　【涉密信息系统测评审查】………………………065

第三十四条　【信息系统、信息设备运行维护和使用管理】…066

第三十五条　【涉密信息系统风险评估、设备使用和退出】…067

第三十六条　【安全保密产品和保密技术装备管理】…………069

第三十七条 【安全保密产品和保密技术装备研制生产单位
义务】……………………………………………………071

第三十八条 【安全保密产品和保密技术装备抽检、复检】…072

第三十九条 【网络运营者保密违法行为处置机制】…………073

第 四 十 条 【网络运营者配合义务】……………………………074

第四十一条 【互联网、智能终端产品保密管理】……………075

第四十二条 【信息公开保密审查】………………………………076

第四十三条 【数据保密管理】……………………………………077

第四十四条 【涉外保密管理】……………………………………079

第四十五条 【涉密会议、活动保密管理】……………………081

第四十六条 【涉密军事设施周边区域保密管理】……………084

第四十七条 【从事涉密业务的基本条件】……………………085

第四十八条 【保密资质管理】……………………………………086

第四十九条 【涉密采购和委托涉密业务保密管理】…………089

第 五 十 条 【涉密人员审查】……………………………………091

第五十一条 【涉密人员保密义务】………………………………093

第五十二条 【机关、单位涉密人员管理职责和出境管理】…094

第五十三条 【涉密人员离岗离职管理】………………………095

第五十四条 【涉密人员脱密期管理】……………………………097

第五十五条 【涉密人员权益保障】………………………………097

第四章 监督管理……………………………………………………**099**

第五十六条 【保密工作报告制度】………………………………099

第五十七条 【保密标准体系】……………………………………100

第五十八条　【保密检查内容】……………………………………101

　　第五十九条　【保密检查和案件调查处理职责】………………106

　　第 六 十 条　【线索和案件调查处理的处置措施】……………108

　　第六十一条　【泄密事件报告和线索举报】……………………112

　　第六十二条　【国家秘密载体收缴】……………………………113

　　第六十三条　【国家秘密和情报鉴定】…………………………115

　　第六十四条　【监测预警】………………………………………117

　　第六十五条　【协调配合机制】…………………………………118

　　第六十六条　【保密行政管理部门及其工作人员依法履职】…119

第五章　法律责任……………………………………………………121

　　第六十七条　【机关、单位泄密的法律责任】…………………121

　　第六十八条　【逃避、妨碍保密检查或者案件调查处理的
　　　　　　　　　法律责任】………………………………………125

　　第六十九条　【网络运营者违法的法律责任】…………………126

　　第 七 十 条　【安全保密产品和保密技术装备研制生产单位
　　　　　　　　　违法的法律责任】………………………………128

　　第七十一条　【从事涉密业务的企业事业单位违法的法律责任】…129

　　第七十二条　【保密行政管理部门工作人员违法的法律责任】…131

第六章　附　　则……………………………………………………134

　　第七十三条　【工作秘密管理】…………………………………134

　　第七十四条　【施行日期】………………………………………135

第二部分 附　　录

附录一 ... 139

中华人民共和国国务院令（第786号） ... 141

中华人民共和国保守国家秘密法实施条例 ... 142

司法部关于《中华人民共和国保守国家秘密法实施条例（修订草案）》的说明 ... 165

司法部、国家保密局负责人就《中华人民共和国保守国家秘密法实施条例》修订答记者问 ... 168

《中华人民共和国保守国家秘密法实施条例》新旧条文对照表 ... 173

附录二 ... 195

中华人民共和国宪法（节选） ... 197

中华人民共和国保守国家秘密法 ... 199

中华人民共和国行政处罚法（节选） ... 214

中华人民共和国行政许可法（节选） ... 218

中华人民共和国行政复议法（节选） ... 222

中华人民共和国政府采购法（节选） ... 226

中华人民共和国招标投标法（节选） ... 228

中华人民共和国数据安全法（节选） ... 230

中华人民共和国刑法（节选） ... 231

中华人民共和国监察法（节选） ... 234

中华人民共和国公务员法（节选） ... 236

中华人民共和国公职人员政务处分法（节选）……239
中华人民共和国政府信息公开条例……241
行政机关公务员处分条例（节选）……255
事业单位工作人员处分规定（节选）……256

第一部分　释　义

第一章 总 则

本章共 11 条，主要规定制定依据、保密工作领导和管理体制、保密与信息公开、保密工作责任制、保密科学技术、保密工作经费预算、保密宣传教育、保密专业力量建设和表彰奖励等。

第一条 根据《中华人民共和国保守国家秘密法》（以下简称保密法）的规定，制定本条例。

【释义】 本条是关于制定依据的规定。

2024 年 2 月 27 日，国家主席习近平签署第二十号主席令，公布了第十四届全国人大常委会第八次会议修订通过的《中华人民共和国保守国家秘密法》，自 2024 年 5 月 1 日起施行。2024 年 6 月 26 日，国务院第 35 次常务会议审议通过《中华人民共和国保守国家秘密法实施条例（修订草案）》。7 月 10 日，国务院总理李强签署第 786 号国务院令，公布修订后的《中华人民共和国保守国家秘密法实施条例》，自 2024 年 9 月 1 日起施行。

实施条例是对 2014 年公布的《中华人民共和国保守国家秘密法实施条例》（以下简称原实施条例）的全面修订，主要考虑如下：一是适应贯彻实施保密法的需要。原实施条例是与 2010 年保密法相配套的行政法规。2024 年新修订保密法确立了一系列新制度、新措施，原实施条例已与之不相适应，应当作相应调整补充。同时，新修订保密法确立的新制度，有的比较原则，需要作出具体规定，以利于法律的贯彻落实。二是适应经济社会发展形势的需要。实施条例针对保密工作面临的新形势、新情况、新问题，健全和完善了保密工作领导体制、保密工作责任制、保密科学技术研究和应用、保密宣传教育以及定密管理、国家秘密载体管理、涉密信息系统管理、安全保密产品和保密技术装备管理、信息公开保密审查、数据保密管理、涉密军事设施周边区域保密管理、从事涉密业务保密审查、涉密采购和委托涉密业务保密管理、涉密人员管理、保密检查、保密违法案件调查处理、国家秘密和情报鉴定、保密监测预警、保密法律责任等方面的制度，为依法开展保密管理提供了法律依据。三是适应保密工作依法行政的需要。通过修订原实施条例，明确、细化保密行政管理职责，规范保密行政行为，努力实现保密行政管理科学、公正、严格、高效。此外，近年来保密工作实践中形成的一些成熟有效的经验和做法，也需要通过修订原实施条例予以固化和规范。

此次实施条例修订过程严格把握实施条例是保密法下位法的定位，对保密法已有具体规定的，不再简单重复；对保密法规定比较原则的，进一步细化、规范，实现与保密法的有效衔接。

第二条　坚持和加强中国共产党对保守国家秘密（以下简称保密）工作的领导。

中央保密工作领导机构领导全国保密工作，负责全国保密工作的顶层设计、统筹协调、整体推进、督促落实。

> 地方各级保密工作领导机构领导本地区保密工作，按照中央保密工作领导机构统一部署，贯彻落实党和国家保密工作战略及重大政策措施，统筹协调保密重大事项和重要工作，督促保密法律法规严格执行。

【释义】 本条是关于保密工作领导体制的规定，是对保密法第三条的进一步细化。

第一款明确坚持和加强党对保密工作的领导。保密工作是党的事业的重要组成部分，党管保密原则根植于党带领人民进行革命、建设和改革的伟大实践中，是保密工作长期实践和历史经验的总结，是做好保密工作的最大政治优势。保密法旗帜鲜明地将党管保密写入法律，实施条例明确要求坚持和加强党对保密工作的领导，有利于更好发挥党管保密的政治优势和组织优势，凝聚起做好保密工作的强大合力，推动保密工作高质量发展。

第二款明确中央保密工作领导机构的地位和职责。中央保密工作领导机构，是指中央保密委员会。中央保密委员会是党管保密的专门组织，在党中央领导下，统一领导全国保密工作，履行全国保密工作的顶层设计、统筹协调、整体推进、督促落实等职责任务。主要职责是：贯彻落实党中央关于保密工作的决策部署和习近平总书记重要讲话、重要指示批示精神；研究国家保密发展战略、宏观规划和重大政策；统筹协调涉及政治、经济、文化、社会及军事等各个领域的保密重大问题；推进国家保密法治建设；指导协调中央党政军群各部门及企业事业单位、各省（自治区、直辖市）的保密工作；指导全国保密宣传教育、保密科学技术创新、重大保密违法案件调查处理、保密技术防护、保密资质管理等工作。

第三款明确地方各级保密工作领导机构的地位和职责。地方各级保密工作领导机构，是指地方各级党委保密委员会。地方各级党委保密委员会是党管保密的专门组织，在本级党委领导下，在上级保密委员会指导下，领导本地区保密工作。主要职责是：按照中央保密委员会统一部署，贯彻落实党和国家保密工作战略及重大政策措施；统筹协调本地区保密重大事项和重要工作；推进本地区保密法治建设，督促保密法律法规严格执行；指导协调本地区党政军群各部门及企业事业单位、下一级地区的保密工作；指导本地区保密宣传教育、保密科学技术创新、重大保密违法案件调查处理、保密技术防护、保密资质管理等工作。

第三条　国家保密行政管理部门主管全国的保密工作。县级以上地方各级保密行政管理部门在上级保密行政管理部门指导下，主管本行政区域的保密工作。

【释义】　本条是关于保密行政管理体制的规定，是对保密法第六条的进一步细化，规定了上级保密行政管理部门对下级保密行政管理部门的指导职能。

上级保密行政管理部门对下级保密行政管理部门的指导内容包括：制定保密制度，以及开展保密宣传教育、保密检查、保密技术防护、保密违法案件调查处理等日常业务工作。这一规定对于推进保密依法行政、加强保密系统建设，从整体上提高保密工作水平，具有重要作用。

国家保密行政管理部门，是指国家保密局。国家保密局主管全国保密工作，主要职责是：贯彻党中央、国务院有关保密工作方针、政策、决定、指示，依法履行保密行政管理职责；制订全国保密工作计划并组织实施，提出改进和加强保密工作的全局性、政策性建议；起草保密法律法规草案，制定或者会同中央有关部门制定保密规章制度，监督、检查保密法律法规制度实施；依法组织开展保密宣传教育、保密检查、保密技术防护、保密审查和保密违法案件调查处理工作；对机关、单位的保密工作进行指导和监督管理；代表国家处理涉外有关保密工作事务等。

县级以上地方各级保密行政管理部门，是指省级、市级、县级保密局，在上级保密行政管理部门指导下，主管本行政区域的保密工作。主要职责是：贯彻执行党和国家保密工作方针、政策，依法履行保密行政管理职能，督促保密法律法规在本行政区域实施；制订本行政区域的保密工作计划，并组织实施；起草本行政区域的保密法规或者规章制度；依法组织开展本行政区域的保密宣传教育、保密检查、保密技术防护、保密审查和保密违法案件调查处理工作；指导、监督本行政区域的机关、单位依法履行保密管理职责等。

目前，各级党委保密委员会办公室和各级保密行政管理部门实行"一个机构两块牌子"。党中央设立中央保密委员会，统一领导全国保密工作；中央保密委员会下设办公室，与国家保密局"一个机构两块牌子"，既是中央保密委员会的日常办事机构，也是主管全国保密工作的国务院职能部门。县级以上地方各级党委设立保密委员会，是地方党管保密的专门组织，下设保密委员会办公室，与同级保密局"一个机构两块牌子"，既是党委保密委员会的办事机构，也是主管本行政区域保密工作的政府职能部门。这种工作体制是在党和国家保密工作长期实践中形成的，符合我国国情，有利于充分发挥党管保密的政治优势和组织优势，有利于推进全面依法治国背景下的保密依法行政，有利于实现党管保密和依法管理的有机统一。

> **第四条** 中央国家机关在其职权范围内管理或者指导本系统的保密工作，监督执行保密法律法规，可以根据实际情况制定或者会同有关部门制定主管业务方面的保密规定。

【释义】 本条是关于中央国家机关保密工作管理职责的规定，是对保密法第七条第二款的进一步细化。

中央国家机关的保密工作分为两个方面：一是在职权范围内，管理本机关的保密工作；二是在职权范围内，管理或者指导本系统的保密工作。实行系统垂直管理的中央国家机关，对本系统的保密工作负有管理职责；未实行系统垂直管理但具有业务指导职能的中央国家机关，对本系统的保密工作负有指导职责。这种管理或者指导方式，应当与业务工作管理关系保持一致。

中央国家机关对本系统保密工作管理或者指导的主要职责是：贯彻执行党和国家保密工作方针、政策，督促或者指导保密法律法规在本系统实施；制定本系统的保密规章制度；起草本行业、本领域保密事项范围；制定本系统保密工作规划和年度计划，并组织实施；组织开展本系统的保密宣传教育、保密检查、保密技术防护工作等。

在上述职责中，监督执行保密法律法规，制定或者会同有关部门制定主管业务方面的保密规定，是中央国家机关对本系统保密工作进行管理或者指导的重要内容。监督执行保密法律法规，主要是对系统内各级机关、单位贯彻落实保密法及其实施条例的情况进行定期检查，及时发现问题，督促整改。制定或者会同有关部门制定主管业务方面的保密规定，主要是中央国家机关根据自身保密工作职责和业务工作范围，制定完善开展业务时应当遵守的保密规定，并指导监督本系统机关、单位执行落实。必要时，业务联系密切的多家中央国家机关可以联合制定相关保密规定。

中央国家机关对本系统机关、单位保密工作的管理或者指导，与各级保密行政管理部门对这些机关、单位保密工作的监督管理是相辅相成、协调统一的。中央国家机关与地方保密行政管理部门要加强协调、密切配合、互相支持，充分发挥两个方面的积极性，形成条块结合的工作格局，共同做好保密工作。

第五条　国家机关和涉及国家秘密的单位（以下简称机关、单位）不得将依法应当公开的事项确定为国家秘密，不得将涉及国家秘密的信息公开。

【释义】　本条是关于保密与信息公开关系的规定，是对保密法第四条"既确保国家秘密安全，又便利信息资源合理利用"的进一步细化。

本条所指的"依法应当公开",与保密法第四条第二款所指的"依法公开"含义是一致的,一是指法律、行政法规要求公开的必须公开,不得将其确定为"国家秘密"不予公开或者拒绝公开;二是指公开前必须依法进行保密审查,公开事项不得涉及国家秘密;三是指公开的程序和方式必须符合法律、行政法规规定。我国法律和相关行政法规对依法应当公开的事项有明确规定。《中华人民共和国监察法》(以下简称监察法)、《中华人民共和国公务员法》(以下简称公务员法)、《中华人民共和国行政处罚法》(以下简称行政处罚法)、《中华人民共和国行政许可法》、《中华人民共和国行政复议法》、《中华人民共和国政府采购法》(以下简称政府采购法)、《中华人民共和国招标投标法》(以下简称招标投标法)、《中华人民共和国政府信息公开条例》(以下简称政府信息公开条例)等对应当公开的事项作出了规定,应当严格依照法律、行政法规规定予以公开。

机关、单位确定国家秘密应当依据保密事项范围进行。保密法对保密事项基本范围主要作出7个方面的原则规定,国家保密局会同有关中央国家机关制定了一系列保密事项范围,为规范国家秘密确定提供了明确依据。

保密与信息公开是一个问题的两个方面。正确认识和把握二者辩证统一的关系,关键要做到依法保密、依法公开、保放适度。当前,一些机关、单位不能正确处理信息公开与保密的关系,该公开的不公开,不该公开的公开,都会损害国家和人民的利益。实施条例对保密与信息公开的关系作出进一步明确规定,机关、单位"不得将依法应当公开的事项确定为国家秘密,不得将涉及国家秘密的信息公开"。机关、单位对法律、行政法规规定应当公开的事项，要严格依法公开；对依法应当严格保密的事项，要准确规范定密；对根据形势变化或者工作需要应当解密或者公开的事项，要严格履行解密程序和信息公开保密审查程序。对应当定密的事项不定密，对不应当定密的事项定密，或者未履行解密审核责任，造成严重后果的，应当依法追究直接负责的主管人员和其他直接责任人员的法律责任。这一规定对于增强机关、单位依法保密、依法公开意识具有重要意义，既有利于确保国家秘密安全，又有利于信息资源合理利用，保障公民的知情权、参与权和监督权。

> 第六条　机关、单位实行保密工作责任制，承担本机关、本单位保密工作主体责任。机关、单位主要负责人对本机关、本单位的保密工作负总责，分管保密工作的负责人和分管业务工作的负责人在职责范围内对保密工作负领导责任，工作人员对本岗位的保密工作负直接责任。
>
> 　　机关、单位应当加强保密工作力量建设，中央国家机关应当设立保密工作机构，配备专职保密干部，其他机关、单位应当根据保密工作需要设立保密工作机构或者指定人员专门负责保密工作。
>
> 　　机关、单位及其工作人员履行保密工作责任制情况应当纳入年度考评和考核内容。

【释义】　本条是关于机关、单位保密工作责任制的规定，是对保密法第八条的进一步细化。

第一款规定机关、单位保密工作责任制。"机关、单位实行保密工作责任制，承担本机关、本单位保密工作主体责任"，体现了《中华人民共和国宪法》（以下简称宪法）第二十七条关于一切国家机关"实行工作责任制"的要求。保密工作责任制，是保密法律制度的重要内容，也是加强保密工作的重要保证，主要包括党政领导干部保密工作责任制、保密工作岗位责任制、定密责任制、保密要害部门部位负责人及工作人员责任制、涉密信息系统管理和维护人员责任制等。实行保密工作责任制，有利于加强保密工作组织领导，明确相关人员保密工作职责，确保保密工作落到实处。

"机关、单位主要负责人对本机关、本单位的保密工作负总责，分管保密工作的负责人和分管业务工作的负责人在职责范围内对保密工作负领导责任"，是指机关、单位应当实行党政领导干部保密工作责任制。在保密工作责任制中，党政领导干部保密工作责任制尤为重要。按照党政领导干部保密工作责任制有关规定，机关、单位主要负责人是保密工作第一责任人，对本机关、本单位保密工作负总责；分管保密工作的负责人对保密工作负具体领导责任；分管业务工作的负责人在职责范围内对保密工作负直接领导责任。党政领导干部未履行保密工作职责或者履行职责不力，致使职责范围内存在泄密隐患、发生严重违规行为或者泄密事件的，应当根据情节轻重，采取约谈、督促整改、责令作出书面检查、通报批评、党纪政务处分等措施；构成犯罪的，依法追究刑事责任。党政领导干部应当自觉接受保密监督，教育、提醒、督促身边工作人员和配偶、子女及其配偶遵守保密要求和保密纪律。

"工作人员对本岗位的保密工作负直接责任"，是指保密工作岗位责任制。在保密工作责任制中，保密工作岗位责任制同样不可或缺。岗位责任制是确保保密工作落到实处的重要保证。机关、单位工作人员既是保密管理的对象，又是保密工作的主体，做好保密工作，依法严格履行职责义务，是各项保密管理措施落到实处的关键环节。无论是在涉密岗位工作的人员还是在非涉密岗位工作的人员，都有义务保守工作中知悉的国家秘密，严格按照保密法律法规和机关、单位保密工作制度要求采取措施，确保国家秘密安全。

第二款规定保密工作机构队伍建设。"机关、单位应当加强保密工作力量建设，中央国家机关应当设立保密工作机构，配备专职保密干部，其他机关、单位应当根据保密工作需要设立保密工作机构或者指定人员专门负责保密工作"，这既是保密工作责任制的具体要求，也是落实保密工作责任制的有效保障。中央国家机关是贯彻落实党中央决策部署的"最初一公里"，产生国家秘密事项多、保密任务重、保密责任大，应当设立保密工作机构，配备专职保密干部，确保党和国家秘密绝对安全。"其他机关、单位应当根据保密工作需要设立保密工作机构或者指定人员专门负责保密工作"，"根据保密工作需要"，主要是指根据本机关、本单位涉密程度，产生（经办）国家秘密和涉密人员数量等保密工作实际情况，设立保密工作机构或者指定人员专门负责保密工作。

第三款规定保密工作责任制履行情况纳入年度考评、考核内容。机关、单位保密工作责任制关键在落实。加强对机关、单位及其工作人员履行保密工作责任制情况的考评、考核，对于推动保密工作责任制落实，提升机关、单位保密管理能力和水平具有重要作用。其中，"纳入年度考评和考核内容"，一是要求各地区、各部门建立完善保密工作责任制考评体系，对机关、单位履行保密工作责任制情况进行年度考评；二是要求机关、单位建立健全保密工作考核机制，对包括党政领导干部在内的所有工作人员履行保密工作岗位责任制情况进行年度考核。

> **第七条** 县级以上人民政府应当加强保密基础设施建设和关键保密科学技术产品的配备。
>
> 省级以上保密行政管理部门应当推动保密科学技术自主创新，促进关键保密科学技术产品的研发工作，鼓励和支持保密科学技术研究和应用。

【释义】 本条是关于保密基础设施建设、关键保密科学技术产品配备以及保密科学技术自主创新等制度的规定，是对保密法第十条的进一步细化。

第一款强调"县级以上人民政府应当加强保密基础设施建设和关键保密科学技术产品的配备"。保密基础设施包括保密技术检查监管、保密技术服务保障、涉密信息系统安全保密测评、国家秘密载体销毁等重要基础设施，是保密事业发展的重要基础。各级人民政府应当组织本级发展改革、科技、财政、保密等有关主管部门，抓好事关保密事业发展的基础设施项目建设。"保密科学技术产品"，是指按照一定的安全保密目标和规则，对涉密信息系统、涉密场所和国家秘密信息进行防护、检查和监管的软硬件及相关设备。配备关键保密科学技术产品是强化保密技术防范，提升反窃密、防泄密技术水平的重要保证。各级人民政府应当保障关键保密科学技术产品的配备应用，落实保密技术防范措施，防止出现安全漏洞隐患，确保国家秘密安全。

第二款强调"省级以上保密行政管理部门应当推动保密科学技术自主创新，促进关键保密科学技术产品的研发工作，鼓励和支持保密科学技术研究和应用"。当前，国家秘密的存在形态和流转方式发生重大变化，国家秘密载体日趋数字化和多样化，国家秘密传输日趋网络化和便捷化。保密工作面临新形势新挑战，要贯彻落实实现高水平科技自立自强要求，积极应对新一轮科技革命和产业变革带来的机遇和挑战，加快推进保密科技自主创新，充分发挥科技对保密工作的支撑作用，全方位筑牢维护国家秘密安全的保密防线，不断提升保密能力。国家和省、自治区、直辖市保密行政管理部门应当加强对保密科学技术自主创新、关键保密科学技术产品研发、保密科学技术研究和应用工作的支持，坚持原始创新、集成创新、开放创新一体设计，推进保密科学技术体制机制改革。省、自治区、直辖市保密行政管理部门要充分发挥地区优势，组织具有较强科技创新能力的科研院所、高等院校、领军企业等优势科研力量，开展基础研究和关键核心技术攻关，加快成果转化和推广应用步伐。

第八条 保密行政管理部门履行职责所需的经费，应当列入本级预算。机关、单位开展保密工作所需经费应当列入本机关、本单位的年度预算或者年度收支计划。

【释义】本条是关于保密工作经费预算的规定，是对保密法第十一条的进一步细化。

经费不落实或者落实不好，是制约保密事业发展的瓶颈之一。为保障保密事业高质量发展，本条对保密工作经费预算作出专门规定。

保密行政管理部门履行职责所需的经费，应当列入本级预算，为保密行政管理部门主管范围内的保密工作提供经费支持保障。机关、单位开展保密工作所需经费应当列入本机关、本单位的年度预算或者年度收支计划，切实给予保密工作有力经费支撑，确保本机关、本单位能够依法开展保密工作。

> **第九条** 保密行政管理部门应当组织开展经常性的保密宣传教育。干部教育培训主管部门应当会同保密行政管理部门履行干部保密教育培训工作职责。干部教育培训机构应当将保密教育纳入教学体系。教育行政部门应当推动保密教育纳入国民教育体系。宣传部门应当指导鼓励大众传播媒介充分发挥作用，普及保密知识，宣传保密法治，推动全社会增强保密意识。
>
> 机关、单位应当定期对本机关、本单位工作人员进行保密工作优良传统、保密形势任务、保密法律法规、保密技术防范、保密违法案例警示等方面的教育培训。

【释义】 本条是关于保密宣传教育的规定，是对保密法第九条的进一步细化。

保密宣传教育是增强保密意识、学习保密技能、提高保密素质、加强保密能力建设的基础性、先导性工作，对于普及保密常识技能、培育保密文化、增强全社会保密意识、确保国家秘密安全具有重要意义。

第一款明确各类主体开展有关保密宣传教育工作的职责任务分工。

各级保密行政管理部门应当根据保密形势发展变化和保密工作高质量发展任务的需要，建立完善保密宣传教育常态化、长效化机制，将保密宣传教育纳入年度工作计划，制定中长期工作规划，不断丰富形式、创新手段，加大资源供给，拓展阵地渠道，凝聚系统合力，切实增强实效。要以各级领导干部、全体涉密人员、公务员和保密干部为重点对象，有目的、有计划、有针对性地组织开展形式多样的保密宣传教育活动。

干部教育培训主管部门应当会同保密行政管理部门履行干部保密教育培训工作职责，将保密教育作为干部教育培训重要内容，将保密培训纳入干部教育培训体系，依托干部教育培训机构定期举办培训班，按照计划调训各级各类干部，并对开展情况进行考核评估，不断提高干部队伍履职尽责能力。

各级党校（行政学院）、干部学院、保密学院、培训基地等应当充分发挥主阵地、主渠道作用，将保密教育纳入教学体系，列入教学计划，配备专兼职教师，打造专门课程，开发培训教材，推动保密教育培训制度化、规范化、经常化。

教育行政部门应当将保密教育纳入国民教育体系，主要是指将保密教育纳入小学教育、初中教育、高中教育和高等教育等各阶段教育过程，将保密教育与理想信念教育、革命传统教育、国家安全教育、法治教育、警示教育等有机结合，组织编写各教育阶段保密知识常识科普读本、拍摄制作校园保密教育专题片、开设保密教育课、举办保密主题特色活动等，推进保密知识进教材、进课堂，开展在校学生保密意识和保密常识教育，营造学习保密知识的良好氛围。

宣传部门应当加大普及保密知识、宣传保密法治的力度，充分利用传统媒体和新兴媒体，以"4·15"全民国家安全教育日、全国保密宣传教育月、国家网络安全宣传周、"12·4"国家宪法日等重要时间节点为契机，推动保密知识进机关、进乡村、进社区、进学校、进企业、进单位等，推动在全社会形成学习保密、参与保密的共识，实现社会公众保密宣传教育全覆盖，构筑安全保密人民防线。

第二款是关于机关、单位组织开展保密教育培训的规定。机关、单位是保密教育培训工作的具体组织者和实施者，各级机关、单位应当加强工作人员特别是领导干部和涉密人员的日常保密教育培训。保密教育培训应当以保密工作优良传统、保密形势任务、保密法律法规、保密技术防范、保密违法案例警示教育等为主要内容，通过党委（党组）理论学习中心组学习、开设保密专题讲座、保密教育实训平台参训学习、组织保密知识竞答等方式，推动保密教育融入日常、抓在经常。要抓好岗前教育、在岗教育和离岗离职教育等重点环节，把保密教育培训与机关、单位工作人员特别是涉密人员保密承诺、监督检查和考核考察结合起来，强化保密教育培训的针对性和实效性。

第十条 保密行政管理部门应当按照国家有关规定完善激励保障机制，加强专门人才队伍建设、专业培训和装备配备，提升保密工作专业化能力和水平。教育行政部门应当加强保密相关学科专业建设指导和支持。

【释义】本条是关于加强保密专业力量的规定，是对保密法第十二条第一款的进一步细化。

完善保密人才队伍激励保障机制，是充分调动保密人才队伍创造性、积极性的重要举措。保密人才队伍激励保障机制主要包括保密工作先进集体、先进工作者、劳动模范评选表彰，国家保密科学技术奖励，保密系统工程系列职称评审，以及各地区、各部门为加大保密工作领域创新、促进科技成果转化而制定的有关激励保障机制。建立科学的保密人才队伍激励保障机制，对树立正确用人导向、激励引导保密人才队伍发展、加强保密人才队伍建设具有重要意义。要积极营造有利于干事创业的良好环境，坚持德才兼备、以德为先，将工作绩效、创新成果、解决实际问题能力等作为评价核心内容，加强先进典型宣传，优化人才表彰奖励制度，不断完善相关激励保障机制。

保密人才队伍是做好保密工作的基本力量，担负着保护国家秘密安全、维护国家安全和利益的重大政治责任。各级保密行政管理部门要加强专门人才队伍建设，坚持用习近平新时代中国特色社会主义思想武装头脑，推动保密干部队伍对党绝对忠诚，坚定理想信念，严守政治纪律和政治规矩。要制定完善符合保密工作实际的招考、录用和引进政策，优化保密干部队伍结构，加大保密干部培养选拔任用力度，完善保密干部交流机制，激励干部担当作为。要构建学历教育和在职培训相结合的保密人才培养体系，完善保密专业本硕博衔接培养机制，培养一批系统掌握保密科学知识、现代化管理方法和保密技术技能的复合型保密人才；以提高政治素养和专业化能力为重点，广泛开展在职教育培训，重点抓好新录（聘）用保密干部初任培训、晋升领导职务任职培训、提升履职能力专题培训等，坚持打造忠诚可靠的专业化保密工作队伍，努力锻造忠于党、忠于人民、勇挑重担、善作善成的党和国家秘密忠诚卫士。

教育行政部门应当对保密相关学科专业建设加强指导和支持。高校是保密相关学科专业建设和人才培养的重要阵地，教育行政部门应当发挥指导、监督和保障作用，推动保密相关学科专业建设，对国家保密学院加强政策支持，充分发挥保密（保密技术、保密管理）教学指导分委员会作用，指导高校完善保密相关专业本科生和研究生培养方案，加强师资队伍建设，引导高校教师以国家重大安全保密需求为导向，加强科技攻关。要将保密相关专业教学和保密学院工作纳入学位授权点专项评估、教师考核、科研项目管理等评价体系，加强对保密相关专业人才教育培养工作的质量监测，确保人才培养质量。

第十一条　对有下列表现之一的组织和个人，应当按照国家有关规定给予表彰和奖励：

（一）在危急情况下保护国家秘密安全的；

（二）在重大涉密活动中，为维护国家秘密安全做出突出贡

献的；

（三）在保密科学技术研发中取得重大成果或者显著成绩的；

（四）及时检举泄露或者非法获取、持有国家秘密行为的；

（五）发现他人泄露或者可能泄露国家秘密，立即采取补救措施，避免或者减轻危害后果的；

（六）在保密管理等涉密岗位工作，忠于职守，严守国家秘密，表现突出的；

（七）其他在保守、保护国家秘密工作中做出突出贡献的。

【释义】 本条是关于保密表彰奖励的规定，是对保密法第十二条第二款的进一步细化。

党和国家历来高度重视保密表彰奖励，不断加强保密表彰奖励法规制度建设。1951年党中央颁布实施《中国共产党中央关于保守党与国家机密奖惩暂行办法》，这是新中国成立后第一部有关保守党与国家机密奖惩规定的专门党内法规，规定了奖惩的宗旨、条件。1951年政务院颁布《保守国家机密暂行条例》，将加强保密表彰奖励、维护国家安全利益体现为国家意志。1988年保密法对保密表彰奖励对象和内容予以进一步完善。1990年《中华人民共和国保守国家秘密法实施办法》设置奖惩专章对保密表彰奖励作出专门规定。2010年修订的保密法对保密奖励的国家主体责任提出明确要求。2024年修订的保密法对保密表彰奖励作出进一步明确规定。

对做出突出贡献的组织和个人进行表彰奖励，旨在激励引导党政机关、企业事业单位、社会团体和全体公民切实提升保守国家秘密、维护国家安全和利益的使命感和荣誉感，对于增强全社会保密意识和履行保密义务的自觉性，在全社会形成维护国家秘密安全的坚固屏障具有重要意义。

本条以列举方式规定了在保守、保护国家秘密工作中做出突出贡献应当给予表彰和奖励的7项具体情形：

第一项，在危急情况下保护国家秘密安全的。主要是指面对危急情况，采取有效措施防止国家秘密泄露或者防止泄密范围扩大。"危急情况"，主要是指突然发生，已经或者可能危害国家秘密安全，需要立即采取紧急应对措施的情况。

第二项，在重大涉密活动中，为维护国家秘密安全做出突出贡献的。主要是指在重大涉密活动文件、资料保密管理，保密技术防护，人员保密管理，保密应急处置等方面做出突出贡献。重大涉密活动主要根据密级、规格、规模、知悉范围、场所安全保密环境等因素综合确定。

第三项，在保密科学技术研发中取得重大成果或者显著成绩的。主要是指在保密技术防护、保密技术检查、保密技术服务、保密技术测评、保密技术监管等领域取得关键核心技术攻关成果，在制约保密科技发展的基础理论研究、基础设施建设、学科融合等方面取得突破，在推动和保障新兴技术安全保密应用方面取得创新发展。

第四项，及时检举泄露或者非法获取、持有国家秘密行为的。主要是指向保密行政管理部门、公安机关等有关部门及时检举泄露或者非法获取、持有国家秘密行为。"泄露"，是指使国家秘密被不应知悉者知悉，或者使国家秘密超出限定的接触范围而不能证明未被不应知悉者知悉。"非法获取",是指以窃取、骗取、抢夺、购买等非法途径和手段获取国家秘密载体的行为。"非法持有",是指无权接触、使用或者保存国家秘密载体的个人或者组织,未经批准或者许可而非法占有、使用或者私藏国家秘密载体的行为。

第五项,发现他人泄露或者可能泄露国家秘密,立即采取补救措施,避免或者减轻危害后果的。主要是指发现国家秘密已经泄露或者存在泄密风险的,通过采取有效措施防止国家秘密泄露或者防止泄密范围扩大,控制危害范围,减轻危害后果。补救措施主要包括4个方面内容:一是采取有效措施,及时防范化解国家秘密泄露隐患,防止泄密事件发生;二是对已知悉范围进行有效控制,防止进一步扩大;三是针对性地采取应对措施,防止继续造成危害,从而减轻损害后果;四是根据工作需要对已经造成的危害立即进行评估,并对正在开展的涉密工作进行有针对性的调整和改进。

第六项,在保密管理等涉密岗位工作,忠于职守,严守国家秘密,表现突出的。主要是指从事保密管理工作,实绩突出的;或者在其他涉密岗位工作,对严格保守国家秘密做出突出贡献的情形。涉密岗位,是指工作岗位职责涉及保密事项范围规定事项,或者产生、办理、接触、使用国家秘密的数量和密级达到一定标准的岗位,如,保密管理岗位,涉密信息系统建设、管理、运维岗位,涉密科研项目研究管理岗位等。

第七项,其他在保守、保护国家秘密工作中做出突出贡献的。此为兜底条款,主要考虑通过列举形式明确应当给予表彰和奖励的表现情形,无法涵盖所有应受表彰奖励事项。

在工作实践中,保密表彰奖励坚持精神奖励与物质奖励相结合、以精神奖励为主的原则。各地区、各部门应当及时发现、深入挖掘有关组织和个人扎根保密战线无私奉献、做出突出贡献的先进事迹，通过授予称号、表扬嘉奖、树立榜样等方式给予精神奖励。同时，适当的物质奖励也是做好保密表彰奖励工作的重要内容。

第二章 国家秘密的范围和密级

本章共 15 条，主要规定保密事项范围、国家秘密事项一览表、定密责任人及其职责、定密授权、定密程序和密点标注、派生定密、国家秘密保密期限和知悉范围、国家秘密标志、国家秘密解除和变更、定密纠正、不明确事项确定、定密异议制度等。

> **第十二条** 国家秘密及其密级的具体范围（以下称保密事项范围）应当明确规定国家秘密具体事项的名称、密级、保密期限、知悉范围和产生层级。
>
> 保密事项范围应当根据情况变化及时调整。制定、修订保密事项范围应当充分论证，听取有关机关、单位和相关行业、领域专家的意见。

【释义】 本条是关于保密事项范围内容以及制定、修订保密事项范围的规定，是对保密法第十三条、第十四条、第十五条的进一步细化。

保密事项范围是确定、变更和解除国家秘密的具体标准和依据。目前，国家保密局已与有关中央国家机关分别制定相应的保密事项范围，基本涵盖产生国家秘密的各行业、各领域。

第一款是关于保密事项范围具体内容的规定。保密事项范围由正文和目录两部分组成。正文一般以条款形式规定保密事项范围的制定依据，本行业、本领域国家秘密的基本范围，与其他保密事项范围的关系，解释机关和施行日期等内容。目录一般以表格形式详细规定国家秘密具体事项的名称、密级、保密期限、知悉范围和产生层级。对于"保密期限"，一般规定保密时限、解密时间或者解密条件。对于"知悉范围"，一般根据实际情况规定为产生、处理该国家秘密事项的业务部门以及根据工作需要知悉的有关部门。对于"产生层级"，一般应当符合保密法关于定密权限的规定，中央国家机关、省级机关及其授权的机关、单位可以确定绝密级、机密级和秘密级国家秘密；设区的市级机关及其授权的机关、单位可以确定机密级和秘密级国家秘密。需要特别注意的是，一些保密事项范围规定某些机关、单位可以超出上述权限确定国家秘密事项，视同主动授予定密权。机关、单位应当严格依据保密事项范围，规范准确定密。

第二款是关于制定、修订保密事项范围的规定。一是保密事项范围应当根据情况变化及时调整，这是保密法第十五条第三款的明确规定。保密事项范围不是一成不变的，应当根据情况变化作出及时调整。这里的"情况变化"，主要包括保密事项范围内容不适应实际工作需要、保密事项范围内容与法律法规规定不相符合、因机构改革或者调整影响保密事项范围适用等情形。"及时调整"，是指国家保密行政管理部门单独或者会同有关中央国家机关，根据情况变化，及时修订保密事项范围，取消不再需要保密的事项，变更有关事项的密级、保密期限，增补新出现的国家秘密事项。

二是制定、修订保密事项范围应当符合基本的程序要求。制定、修订保密事项范围时，应当结合业务工作实际，开展调查研究，充分听取有关机关、单位和相关行业、领域专家的意见。保密事项范围由主管相关行业、领域工作的有关中央国家机关负责起草；涉及多个部门或者行业、领域的，由承担主要职能的有关中央国家机关牵头负责起草；有关中央国家机关、国家保密行政管理部门应当就保密事项范围制定、修订研究会商，需要进一步征求意见的，应当征求有关机关、单位意见，达成一致后，按照程序会签印发。特定领域、特定区域保密事项范围制定主体不明确的，由国家保密行政管理部门负责制定、修订。

> **第十三条** 有定密权限的机关、单位应当依据本行业、本领域以及相关行业、领域保密事项范围，制定国家秘密事项一览表，并报同级保密行政管理部门备案。国家秘密事项一览表应当根据保密事项范围及时修订。

【释义】 本条是关于国家秘密事项一览表制定、修订的规定。

国家秘密事项一览表，是以表格形式体现有定密权限的机关、单位原始产生的国家秘密事项的集合。制定国家秘密事项一览表有利于提高定密工作的规范性和精准性。有定密权限的机关、单位应当按照有关保密事项范围，编制国家秘密事项一览表，明确本机关、本单位原始产生的国家秘密事项的具体内容、密级、保密期限、产生部门或者岗位、制定依据等。这一规定应当从3个方面进行理解和把握：

第一,关于制定主体和依据。国家秘密事项一览表的制定主体是有定密权限的机关、单位。这里的定密权限,既包括法定定密权,也包括授予的定密权。国家秘密事项一览表的制定必须依据本行业、本领域和相关行业、领域的保密事项范围,不得擅自扩大、缩小范围,也不得比照类推,将不符合保密事项范围规定的事项纳入一览表。制定时所依据的保密事项范围已经修订的,国家秘密事项一览表应当及时修订。国家秘密事项一览表的使用范围一般为本机关、本单位。

第二,关于内容和要求。国家秘密事项一览表的内容为本机关、本单位原始产生的全部国家秘密事项,既包括本行业、本领域的国家秘密事项,也包括工作中涉及的其他相关行业、领域的国家秘密事项。国家秘密事项一览表是相关保密事项范围的具体化。机关、单位可以结合工作实际,将保密事项范围目录中的条款内容进行细化、明确,如,可以对"重大""重要"等表述限定为本机关、本单位的具体情况,可以对"知悉范围"限定为本机关、本单位的具体部门或者人员,还可以明确国家秘密事项产生的具体部门或者岗位等。

第三,关于审定和备案。国家秘密事项一览表应当经本机关、本单位主要负责同志或者本机关、本单位保密委员会审定,报同级保密行政管理部门备案。

第十四条　机关、单位主要负责人为本机关、本单位法定定密责任人,根据工作需要,可以明确本机关、本单位其他负责人、内设机构负责人或者其他人员为指定定密责任人。

> 定密责任人、承办人应当接受定密培训，熟悉定密职责和保密事项范围，掌握定密程序和方法。

【释义】 本条是关于定密责任人确定和履职条件的规定，是对保密法第十六条第一款的进一步细化。

第一款明确定密责任人及其确定程序。定密责任人包括法定定密责任人和指定定密责任人。根据保密法第十六条及本条规定，机关、单位主要负责人为法定定密责任人，对本机关、本单位定密工作负总责，对定密不当引起的后果承担领导责任。指定定密责任人，是指机关、单位根据定密工作实际需要，按照规定程序，由法定定密责任人指定的负责定密工作的人员。机关、单位根据产生国家秘密的数量和业务分工的需要，可以指定一名或者多名定密责任人。指定定密责任人一般包括下列几类人员：一是机关、单位分管涉及国家秘密业务工作的其他负责人；二是机关、单位产生国家秘密较多的内设机构负责人；三是由于岗位职责需要，经常产生、处理国家秘密事项的内设机构的人员，如综合处（科）室、业务处（科）室负责人或者工作人员。法定定密责任人的定密权限与机关、单位的定密权限一致，指定定密责任人应当在所授予的定密权限内开展定密工作。

关于定密责任人的确定程序。机关、单位主要负责人一经任命，即为本机关、本单位法定定密责任人，无须履行确定程序，也与本机关、本单位是否具有定密权无关。指定定密责任人必须履行确定程序，一般先由机关、单位涉密业务部门提出拟任人选，由机关、单位保密工作机构汇总研究后，报本机关、本单位法定定密责任人确定，以书面形式在本机关、本单位内部公布，并报同级保密行政管理部门备案。法定定密责任人在指定定密责任人时，应当同时明确其定密权限，根据指定定密责任人的职务、岗位不同，可以授予其不同的定密权限。

第二款明确定密责任人和承办人履职条件。定密责任人和承办人应当符合以下条件：一是接受定密培训，熟悉保密法律法规及定密规定；二是熟悉本机关、本单位主管业务和相关行业、领域的保密事项范围；三是掌握定密程序和方法。此外，还应当熟悉本机关、本单位业务工作及国家秘密产生的部门、部位及工作环节。

> 第十五条　定密责任人在职责范围内承担国家秘密确定、变更和解除工作，指导、监督职责范围内的定密工作。具体职责是：
>
> （一）审核批准承办人拟定的国家秘密的密级、保密期限和知悉范围；
>
> （二）对本机关、本单位确定的尚在保密期限内的国家秘密进行审核，作出是否变更或者解除的决定；
>
> （三）参与制定修订本机关、本单位国家秘密事项一览表；
>
> （四）对是否属于国家秘密和属于何种密级不明确的事项先行拟定密级、保密期限和知悉范围，并按照规定的程序报保密行政管理部门确定。

【释义】　本条是关于定密责任人职责和履职要求的规定。

这一规定可从两个方面理解把握：第一，定密责任人职责既包括确定、变更和解除国家秘密，也包括对职责范围内的定密工作进行指导监督。第二,不同的定密责任人职责范围有所不同。法定定密责任人对本机关、本单位定密工作负总责,指定定密责任人按照授权开展定密工作。

本条采取列举方式,明确定密责任人的具体职责。

第一项,对承办人拟定的国家秘密的密级、保密期限和知悉范围进行审核批准。审核的内容主要包括:对承办人拟定密级、保密期限、知悉范围所依据的保密事项范围的规定是否正确、密级是否准确、保密期限和知悉范围是否合理、作出的国家秘密标志是否规范进行审核,符合规定、标注规范的,予以批准,并作出书面记录。

第二项,对尚在保密期限内的国家秘密进行审核,作出是否变更或者解除的决定。机关、单位应当每年审核所确定的国家秘密,由承办人对国家秘密是否解密、何时解密、全部解密或者部分解密及解密后是否作为工作秘密、能否公开等提出意见后,报定密责任人审核。定密责任人应当对承办人意见进行审核,作出决定,签署具体意见。机关、单位可以根据工作需要,在定密责任人审核之前增设其他审核把关、论证评估程序。

第三项,参与制定修订本机关、本单位国家秘密事项一览表。根据实施条例第十三条规定,有定密权限的机关、单位应当依据本行业、本领域以及相关行业、领域保密事项范围,制定国家秘密事项一览表。定密责任人负责本机关、本单位定密工作,熟悉本机关、本单位业务工作和国家秘密事项确定情况,参与制定修订国家秘密事项一览表,有助于提升机关、单位定密工作的科学性、规范性和精准性。

第四项，对是否属于国家秘密和属于何种密级不明确的事项先行拟定密级、保密期限和知悉范围，采取保密措施，并按照规定的程序，及时报请相应的保密行政管理部门确定。一般而言，机关、单位产生的属于国家秘密的事项，在相关保密事项范围中都有明确规定，可以按照"对号入座"的方法进行定密。在实际工作中，无法"对号入座"的不明确事项较少，如遇此情况，定密责任人应当根据事项泄露后对国家安全和利益的危害程度，先行拟定密级、保密期限和知悉范围，采取相应的保密措施，并按照不明确事项的确定程序，报国家保密行政管理部门或者省、自治区、直辖市保密行政管理部门确定。

此外，从实际情况看，定密责任人在履行上述基本职责的同时，应当根据实际工作需要和机关、单位工作安排，承担与定密工作相关的其他工作任务。如，对承办人拟定密级的工作进行业务指导；对本机关、本单位无权定密的事项，按照申请定密的程序，报有相应定密权的机关、单位或者保密行政管理部门确定；对拟公开发布的信息进行保密审查；受理并答复有关方面提出的定密异议；就保密事项范围的修订、加强和改进定密管理工作向有关机关提出建议等。

第十六条 中央国家机关、省级机关以及设区的市级机关可以根据保密工作需要或者有关机关、单位申请，在国家保密行政管理部门规定的定密权限、授权范围内作出定密授权。

无法按照前款规定授权的，省级以上保密行政管理部门可以根据保密工作需要或者有关机关、单位申请，作出定密授权。

> 定密授权应当以书面形式作出。授权机关应当对被授权机关、单位履行定密授权的情况进行监督。被授权机关、单位不得再授权。
>
> 中央国家机关、省级机关和省、自治区、直辖市保密行政管理部门作出的定密授权，报国家保密行政管理部门备案；设区的市级机关作出的定密授权，报省、自治区、直辖市保密行政管理部门备案。

【释义】 本条是关于定密授权的规定，是对保密法第十七条的进一步细化。

定密授权，是指具有法定定密权限的机关依照法定程序，在规定权限范围内，授予有关机关、单位相应定密权的行为。为进一步规范定密授权，确保授权慎重稳妥，本条对定密授权主体、方式和监督管理进行规范。

第一款明确定密授权主体和方式。可以作出定密授权的机关是具有保密法规定的定密权限的机关，即中央国家机关、省级机关以及设区的市级机关。这里的"中央国家机关"包括中国共产党中央机关和部门、各民主党派中央机关、全国人大机关、全国政协机关、国家监察委员会机关、最高人民法院、最高人民检察院，国务院及其组成部门、直属特设机构、直属机构、办事机构、直属事业单位、部委管理的国家局，以及中央机构编制管理部门直接管理机构编制的群众团体机关；"省级机关"包括省（自治区、直辖市）党委、人大、政府、政协机关、纪检监察机关，以及人民法院、人民检察院；"设区的市级机关"包括地（市、州、盟、区）党委、人大、政府、政协机关、纪检监察机关，以及人民法院、人民检察院，省（自治区、直辖市）直属机关和人民团体，中央国家机关设在省（自治区、直辖市）的直属机构，省（自治区、直辖市）在地区、盟设立的派出机构。

定密授权方式有两种，一种是主动授权，另一种是依申请授权。主动授权，是指授权机关可以根据保密工作需要，在其他机关、单位没有提出定密授权申请的情况下，主动授予有关机关、单位必要的定密权限。依申请授权，是指授权机关依据有关机关、单位申请，经严格审查，授予其必要的定密权限。

定密授权应当在国家保密行政管理部门规定的定密权限、授权范围内作出。"国家保密行政管理部门规定的定密权限、授权范围"，是指国家保密局以部门规章或者规范性文件形式对定密授权作出的规定。中央国家机关、省级机关以及设区的市级机关开展定密授权都应当遵守上述规定。定密授权不能超出本机关法定的定密权限：一是授权机关只能在主管业务工作和职权范围内作出定密授权决定，对不属于主管业务工作范围内的事项，不能作出定密授权。如，国务院教育行政部门可以授予高校或者下级教育行政部门，对教育工作方面的国家秘密事项进行定密的权限，但是不能授予其对国防军工方面国家秘密事项进行定密的权限。二是要明确授权的具体事项、具体期限、具体密级。三是授权机关只能在依法具有的定密权层级内作出授权。中央国家机关可以在主管业务工作范围内作出授予绝密级、机密级和秘密级国家秘密事项定密权的决定。省级机关可以在主管业务工作范围内或者本行政区域内作出授予绝密级、机密级和秘密级国家秘密事项定密权的决定。设区的市级机关可以在主管业务工作范围内或者本行政区域内作出授予机密级和秘密级国家秘密事项定密权的决定。

第二款规定省级以上保密行政管理部门授予定密权的情形。当申请定密授权的机关、单位存在没有上级机关，业务主管部门不明确，或者定密授权申请涉及多个行业、领域国家秘密事项等情形时，可以向保密行政管理部门申请定密授权。如，某国有企业，业务工作中产生的国家秘密涉及多个行业、领域，可以向相应的保密行政管理部门提出定密授权申请，由该保密行政管理部门协调有关业务主管部门共同研究论证后，作出是否授予定密权的决定。

第三款规定定密授权形式和监督。一是定密授权形式。定密授权是将定密权限授予不具有该项权力的机关、单位。定密授权必须使用机关、单位正式公文，以书面形式作出。二是定密授权监督。授权机关应当对被授权机关、单位履行定密授权的情况进行监督，及时发现并纠正滥用定密权的现象，确保机关、单位在被授权范围内正确行使定密权。被授权机关、单位定密工作情况发生变化或者不再符合定密授权情形的，授权机关应当及时调整或者撤销定密授权。需要注意的是，被授权机关、单位不得再行转授，通过授权方式获得定密权的机关、单位不能成为定密授权主体。如，设区的市级机关获得绝密级事项定密授权后，不得再授予其他机关、单位该项定密权。

第四款明确定密授权的备案要求。授权机关作出的授权决定，应当报相应的保密行政管理部门备案；被授权机关、单位收到定密授权决定或者撤销定密授权决定后，应当报同级保密行政管理部门备案。进行定密授权备案，有利于保密行政管理部门掌握机关、单位定密权限行使情况，确保及时有效地加强对定密授权的监督管理。

> **第十七条** 机关、单位应当在国家秘密产生的同时，由承办人依据有关保密事项范围拟定密级、保密期限和知悉范围，报定密责任人审核批准，并采取相应保密措施。
>
> 机关、单位对应当定密但本机关、本单位没有定密权限的事项，先行采取保密措施，并依照法定程序，报上级机关、单位确定；没有上级机关、单位的，报有定密权限的业务主管部门或者保密行政管理部门确定。
>
> 机关、单位确定国家秘密，能够明确密点的，按照国家保密规定确定并标注。

【释义】 本条是对定密程序、承办人责任、无权定密事项和密点标注作出的规定，是对保密法第十六条、第十七条、第十九条的进一步细化。

第一款重点明确定密的依据、步骤和内容要求。保密法第十六条第二款规定："机关、单位确定、变更和解除本机关、本单位的国家秘密，应当由承办人提出具体意见，经定密责任人审核批准。"本款在此基础上，对定密程序作出进一步明确，主要包括以下3点：一是定密的依据是有关保密事项范围。机关、单位对所产生的国家秘密事项，应当严格按照保密事项范围"对号入座"，确定密级。对于"无号可对"的事项，机关、单位认为确实关系国家安全和利益的，应当依据保密法第二十五条关于"不明确"事项的规定予以处理。二是定密的步骤包括承办人提出拟定意见，定密责任人进行审核批准。承办人对所办理事项与国家安全和利益的关联性、泄露后对国家安全和利益造成的危害程度作出初步判断，对照本机关、本单位国家秘密事项一览表，依据有关保密事项范围，提出该事项是否属于国家秘密以及属于何种密级、保密期限确定等意见。定密责任人应当依据有关保密事项范围，对承办人拟定的国家秘密事项的密级、保密期限和知悉范围，进行认真审核把关，作出是否批准的决定。三是定密程序启动于"国家秘密产生的同时"。国家秘密产生的同时，是指国家秘密形成的时间，如涉密数据形成时、涉密文件起草时，承办人应当对相关过程资料拟定密级、保密期限和知悉范围，并标注密级标志。

第二款是关于无权定密的处理办法。机关、单位产生保密事项范围规定的国家秘密事项，但该机关、单位没有定密权，或者有定密权但定密权限低于该国家秘密事项的密级，机关、单位应当先行采取保密措施，同时立即报具有相应定密权限的上级机关、单位确定。没有上级机关、单位的，则根据该事项所涉及的业务范围，报具有相应定密权限的业务主管部门或者保密行政管理部门确定。接到定密报告的机关、单位或者保密行政管理部门，应当及时作出批复。

第三款是关于密点标注的规定。根据保密法第十九条规定，"有条件的可以标注密点"。推动密点标注工作，对于提升定密精准化、科学化具有重要意义。不能明确标注的，可以以附件、附注等形式作出说明。对无法明确密点的，可以编制涉密版和非涉密版，或者对执行、办理环节是否涉及国家秘密、工作秘密等提出明确要求。

> **第十八条** 机关、单位执行上级确定的国家秘密事项或者办理其他机关、单位确定的国家秘密事项，有下列情形之一的，应当根据所执行、办理的国家秘密事项的密级、保密期限和知悉范围派生定密：
>
> （一）与已确定的国家秘密事项完全一致的；
>
> （二）涉及已确定的国家秘密事项密点的；
>
> （三）对已确定的国家秘密事项进行概括总结、编辑整合、具体细化的；
>
> （四）原定密机关、单位对使用已确定的国家秘密事项有明确定密要求的。

【释义】 本条是关于派生定密具体情形的规定，是对保密法第十八条的进一步细化。

派生定密，是指机关、单位对执行或者办理已定密事项所产生的国家秘密，依法确定、变更和解除的活动。机关、单位开展派生定密，不受定密权限限制。无法定定密权的机关、单位可以因执行或者办理已定密事项，派生国家秘密；具有较低定密权限的机关、单位也可以因执行或者办理较高密级的已定密事项，派生超出本机关、本单位定密权限的国家秘密。

本条采取列举方式，明确应当派生定密的具体情形。

第一项，与已定密事项完全一致的。如，机关、单位全文转发、摘抄、引用上级机关、单位或者其他机关、单位涉密文件内容等。

第二项，涉及已定密事项密点的。如，机关、单位转发、摘抄、引用上级机关、单位或者其他机关、单位涉密文件密点内容等。对转发、摘抄、引用内容是否属于密点不明确的，可以向原定密机关、单位请示或者函询，原定密机关、单位应当及时予以答复。

第三项，对已定密事项进行概括总结、编辑整合、具体细化的。如，机关、单位根据上级机关、单位或者其他机关、单位涉密文件内容或者要求，进行工作总结、情况汇报或者制定实施细则等。

第四项，原定密机关、单位对使用已定密事项有明确定密要求的。如，原定密机关、单位对涉密文件传达、转发、摘抄、引用等使用环节提出明确保密要求的，按照其要求确定国家秘密。

不涉及上述已确定的国家秘密事项内容或者密点的，不应当派生定密。派生国家秘密的密级应当与已定密事项密级保持一致，不得自行调整密级。派生国家秘密的保密期限应当按照已定密事项的保密期限确定。派生国家秘密的知悉范围，应当根据工作需要确定，经本机关、本单位负责人批准；能够限定到具体人员的，限定到具体人员；原定密机关、单位有明确规定的，应当遵守其规定。

> **第十九条** 机关、单位对所产生的国家秘密，应当按照保密事项范围的规定确定具体的保密期限或者解密时间；不能确定的，应当确定解密条件。
>
> 国家秘密的保密期限，自标明的制发日起计算；不能标明制发日的，确定该国家秘密的机关、单位应当书面通知知悉范围内的机关、单位和人员，保密期限自通知之日起计算。

【释义】 本条是关于国家秘密保密期限确定和计算的规定。保密期限是对国家秘密采取保密措施的时间要求。本条在保密法第十九条、第二十条有关保密期限规定的基础上，对保密期限的确定和计算作出进一步明确。

第一款明确保密期限的确定依据和形式。机关、单位应当依据相关保密事项范围，确定国家秘密的保密期限。保密期限的表现形式包括保密时限、解密时间和解密条件。保密期限应当在保密事项范围目录规定的最长保密期限内合理确定，不得超出最长保密期限；保密事项范围规定的保密期限明确为"长期"的，机关、单位不得擅自变更；保密事项范围规定解密条件或者解密时间的，从其规定。

第二款明确保密期限的计算方法。国家秘密的保密期限，自标明的制发日起计算。"标明的制发日"，是指机关、单位在正式制发的国家秘密载体上标明的日期。不能标明制发日的，如秘密设备、产品等，由产生该国家秘密的机关、单位，书面通知知悉范围内的机关、单位和人员，保密期限自书面通知明确规定的日期起计算。

第二十条　机关、单位应当依法限定国家秘密的知悉范围，对知悉机密级以上国家秘密的人员，应当作出记录。

【释义】本条是关于限定国家秘密知悉范围的规定，是对保密法第二十一条的进一步细化。

严格限定国家秘密的知悉范围，是确保国家秘密处于安全可控范围的重要保密防护措施。保密法第二十一条第一款、第二款规定:"国家秘密的知悉范围,应当根据工作需要限定在最小范围。国家秘密的知悉范围能够限定到具体人员的,限定到具体人员;不能限定到具体人员的,限定到机关、单位,由该机关、单位限定到具体人员。"国家秘密的知悉范围应当依据保密事项范围,根据工作需要确定。确定知悉范围应当坚持最小化,即在可能的情况下,把知悉范围尽量限定到最小,并最终限定到具体人员。只有限定到具体人员,才能使国家秘密切实可控、可管,有利于有针对性地采取保密管理措施,也有利于明确保密责任。

本条强调,对知悉机密级以上国家秘密的人员,应当作出记录,以确保重要国家秘密安全。记录可以根据实际需要,采取不同形式。如,登记知悉国家秘密人员的名单,在传阅、使用国家秘密载体时履行登记、签收手续,留存传阅人在涉密文件、资料上的批示、签字等原始记录或者在电子公文系统中记录传阅人信息等。国家有关主管部门、定密机关或者单位、上级机关或者单位对记录知悉范围的形式有专门规定和明确要求的,按照相关要求办理。

第二十一条 国家秘密载体以及属于国家秘密的设备、产品(以下简称密品)的明显部位应当作出国家秘密标志。国家秘密标志应当标注密级、保密期限。国家秘密的密级或者保密期限发生变更的,应当及时对原国家秘密标志作出变更。

无法作出国家秘密标志的,确定该国家秘密的机关、单位应当书面通知知悉范围内的机关、单位和人员。

【释义】 本条是关于作出国家秘密标志和告知的规定,是对保密法第二十二条的进一步细化。

国家秘密标志是一种法定的文字与符号标识，用以表明所标识的载体、设备和产品等承载的内容属于国家秘密，并提示其密级和保密期限。国家秘密标志形式一般为"密级★保密期限"、"密级★解密时间"或者"密级★解密条件"。作出国家秘密标志，目的在于提示并要求知悉范围内的机关、单位和人员采取保护措施，承担相应的保密义务，同时提示知悉范围外偶然获得国家秘密载体的人员，有责任对其履行保密义务，对国家秘密进行妥善保护。

第一款明确作出国家秘密标志的要求和国家秘密标志的变更。国家秘密标志的内容包括密级和保密期限。机关、单位对其制作的国家秘密载体必须标注密级和保密期限。在国家秘密载体上作出国家秘密标志，是法律的强制性规定，机关、单位应当严格执行。作出国家秘密标志，可以根据不同的载体形式采用不同的标注方式，但应当易于识别。在纸介质和电子文件国家秘密载体上作出国家秘密标志的，应当符合有关国家标准。没有国家标准的，应当标注在封面左上角或者标题下方的显著位置。光介质、电磁介质等国家秘密载体和属于国家秘密的设备、产品的国家秘密标志，应当标注在壳体及封面、外包装的显著位置。汇编涉密文件、资料，应当对各独立文件、资料分别作出标志，并在封面或者首页以其中最高密级和最长保密期限作出标志。摘录、引用属于国家秘密内容的，应当以其中最高密级和最长保密期限作出标志。

国家秘密的密级或者保密期限发生变更的，应当及时对原国家秘密标志作出变更。国家秘密的密级、保密期限经定密责任人审核批准作出变更决定后，定密机关、单位应当及时在原国家秘密标志附近作出密级或者保密期限变更后的标志，并以书面形式通知知悉范围内的机关、单位和人员。接到通知的有关机关、单位和人员，应当在原国家秘密标志附近作出国家秘密变更后的标志。

第二款明确无法作出国家秘密标志的处理方法。无法作出国家秘密标志的，由确定该国家秘密的机关、单位书面通知知悉范围内的机关、单位和人员。机关、单位一般应当对承载国家秘密的纸介质、光介质、电磁介质等载体以及属于国家秘密的设备、产品，作出国家秘密标志。在不能或者不宜对国家秘密载体进行物理标注的情况下，制作机关、单位应当作出文字记载，并以书面通知的方式，告知知悉范围内的机关、单位和人员，要求其对国家秘密采取相应的保密措施。

只有国家秘密载体以及属于国家秘密的设备、产品才能作出国家秘密标志。非国家秘密，包括工作秘密、商业秘密等，不得作出国家秘密标志。

第二十二条 机关、单位对所确定的国家秘密，认为符合保密法有关解除或者变更规定的，应当及时解除或者变更。

机关、单位对不属于本机关、本单位确定的国家秘密，认为符合保密法有关解除或者变更规定的，可以向原定密机关、单位或者其上级机关、单位提出建议。

已经依法移交各级国家档案馆的属于国家秘密的档案，由原定密机关、单位按照国家有关规定进行解密审核。

【释义】 本条是关于国家秘密解除和变更的规定，是对保密法

第二十三条、第二十四条的进一步细化。

第一款规定国家秘密解除和变更制度。解密意味着解除有关保密措施，知悉范围内的机关、单位和人员不再需要履行相关保密义务。主要包括两种情形：一是自行解密，明确标注具体保密时限的国家秘密事项，保密时限已满，经原定密机关、单位审核未延长保密期限的，自行解密；解密时间已到或者符合解密条件的，自行解密；保密事项范围中明确规定某类事项的保密期限为"长期"的，原定密机关、单位认为需要解密的，应当提请规定保密事项范围的机关批准，不得擅自解密。二是提前解密，在保密期限内因保密法律法规或者保密事项范围调整不再作为国家秘密的，定密时的形势、条件发生变化，有关事项公开后不会损害国家安全和利益的，或者根据现行法律、法规和国家有关规定，有关事项应予公开、需要社会公众广泛知晓或者参与的，应当及时解密。关于解除国家秘密还需注意的是，解密并不意味着可以公开。有的国家秘密事项解密后，可能需要作为工作秘密进行管理。需要公开的，应当履行相关审查程序。

国家秘密变更包括密级的降低或者提高、保密期限的缩短或者延长、知悉范围的调整，三者既可以单独变更，也可以同时变更。机关、单位变更国家秘密的密级、保密期限或者知悉范围的，应当书面通知知悉范围内的机关、单位或者人员；对于需要延长保密期限的，应当在保密期限届满前作出变更决定并通知。

关于派生事项的解除和变更，机关、单位所执行或者办理的已定密事项没有变更或者解除的，派生国家秘密不得变更或者解除；所执行或者办理的已定密事项已经变更或者解除的，派生国家秘密的密级、保密期限、知悉范围应当及时作出相应变更或者予以解密。对已定密事项是否已经变更或者解除不明确的，可以向原定密机关、单位请示或者函询，原定密机关、单位应当及时予以答复。

有权决定国家秘密解除或者变更的机关、单位，包括原定密机关、单位及其上级机关，上述机关、单位作出提前解密或者变更国家秘密的决定后，除正式公布的外，应当通知原知悉范围内的机关、单位或者人员。

第二款规定解除或者变更国家秘密的建议权。机关、单位认为不属于本机关、本单位确定的国家秘密应当解除或者变更的，可以向原定密机关、单位或者其上级机关、单位提出建议，由后者决定是否解除或者变更国家秘密。

第三款规定档案解密审核制度。已经依法移交各级国家档案馆的属于国家秘密档案的解密工作，按照国家档案局和国家保密局有关规定执行。

> **第二十三条** 机关、单位被撤销或者合并、分立的，该机关、单位所确定国家秘密的变更和解除，由承担其职能的机关、单位负责；没有相应机关、单位的，由其上级机关、单位或者同级保密行政管理部门指定的机关、单位负责。

【释义】 本条是关于机关、单位被撤销或者合并、分立后国家秘密变更和解除的规定。

国家秘密变更和解除的主体既可以是原定密机关、单位，也可以是其上级机关、单位。机关、单位被撤销或者合并、分立后，其所确定的国家秘密依然存在，仍然需要对这些国家秘密进行管理。根据工作职能的延续性，机关、单位被撤销或者合并、分立后，由承担其职能的机关、单位负责其所确定国家秘密的变更和解除；没有相应机关、单位的，由其上级机关、单位或者同级保密行政管理部门指定的机关、单位负责其所确定国家秘密的变更和解除。

第二十四条　机关、单位发现本机关、本单位国家秘密的确定、变更和解除不当的，应当及时纠正；上级机关、单位发现下级机关、单位国家秘密的确定、变更和解除不当的，应当及时通知其纠正，也可以直接纠正。

【释义】　本条是关于机关、单位定密纠正的规定。

机关、单位定密纠正一般包括两种情形：一是机关、单位自我监督纠正；二是上级机关、单位对下级机关、单位进行监督纠正。为确保定密科学、准确，机关、单位在日常工作中发现定密不当的，应当自觉予以纠正；上级机关、单位发现下级机关、单位定密不当的，应当及时通知其纠正，也可以直接纠正，并通知该下级机关、单位。

"国家秘密的确定、变更和解除不当"，主要有5种情形：一是权限不当，没有定密权的机关、单位实施了定密行为，或者有定密权的机关、单位超出权限范围定密；二是依据不当，未按照有关保密事项范围定密，如保密事项范围明确规定应当定密而没有定密，或者确定的密级、保密期限、知悉范围与相关保密事项范围规定明显不符；三是程序不当，未按照保密法律法规规定的定密程序定密，如未经定密责任人审核批准，密级、保密期限、知悉范围变更后未及时书面通知；四是要素不完整，如在确定国家秘密密级时，未同时确定保密期限和知悉范围等；五是标志不当，如国家秘密标志不完整、不规范。同时，机关、单位不履行国家秘密审核职责，对于应当变更、解除的国家秘密没有及时变更、解除的，也属于定密不当。

> 第二十五条　机关、单位对符合保密法的规定，但保密事项范围没有规定的不明确事项，应当先行拟定密级、保密期限和知悉范围，采取相应的保密措施，并自拟定之日起10个工作日内报有关部门确定。拟定为绝密级的事项和中央国家机关拟定的机密级、秘密级的事项，报国家保密行政管理部门确定；其他机关、单位拟定的机密级、秘密级的事项，报省、自治区、直辖市保密行政管理部门确定。
>
> 保密行政管理部门接到报告后，应当在10个工作日内作出决定。省、自治区、直辖市保密行政管理部门还应当将所作决定及时报国家保密行政管理部门备案。

【释义】　本条是关于不明确事项定密申报程序、确定权限的规定，是对保密法第二十五条的进一步细化。

第一款规定不明确事项及其保护措施、定密权限。"不明确事项"，是指机关、单位认为符合保密法的规定，泄露后会损害国家安全和利益，但在相关保密事项范围中没有明确规定的事项。这里的"保密法的规定"主要是指保密法第二条、第十三条和第十四条的规定。

关于不明确事项的保护措施及其定密权限。为确保国家秘密安全，对不明确事项，应当由产生的机关、单位先行拟定密级、保密期限和知悉范围，采取相应的保密措施。同时，机关、单位应当在拟定该事项密级之日起10个工作日内，逐级报至有权确定该事项密级的保密行政管理部门确定。主要包括3种情形：一是各级机关、单位拟定为绝密级的国家秘密事项，应当报国家保密行政管理部门确定；二是中央国家机关拟定为秘密级以上的国家秘密事项，应当报国家保密行政管理部门确定；三是省级以下机关、单位拟定为机密级、秘密级的国家秘密事项，应当报省、自治区、直辖市保密行政管理部门确定。有关保密行政管理部门接到报告后，应当在10个工作日内作出决定。

第二款规定不明确事项备案制度。为加强对不明确事项定密工作的监督管理，进一步完善有关保密事项范围，省、自治区、直辖市保密行政管理部门应当将不明确事项确定情况及时报国家保密行政管理部门备案。

第二十六条 机关、单位对已确定的国家秘密事项是否属于国家秘密或者属于何种密级有不同意见的，可以向原定密机关、单位提出异议，由原定密机关、单位作出决定。

机关、单位对原定密机关、单位未予处理或者对作出的决定仍有异议的，按照下列规定办理：

（一）确定为绝密级的事项和中央国家机关确定的机密级、秘密级的事项，报国家保密行政管理部门确定；

> （二）其他机关、单位确定的机密级、秘密级的事项，报省、自治区、直辖市保密行政管理部门确定；对省、自治区、直辖市保密行政管理部门作出的决定有异议的，可以报国家保密行政管理部门确定。
>
> 在原定密机关、单位或者保密行政管理部门作出决定前，对有关事项应当按照主张密级中的最高密级采取相应的保密措施。

【释义】 本条是关于定密异议制度的规定，是对保密法第二十五条的进一步细化。

第一款规定定密异议的两种情形：一是对已定密事项是否属于国家秘密有不同意见的；二是对已定密事项属于何种密级有不同意见的。同时，规定提出定密异议的主体是合法知悉国家秘密事项的机关、单位，受理定密异议的主体是原定密机关、单位。个人不属于本款规定的提出定密异议的主体，个人对合法知悉的已定密事项认为定密不当的，可以通过所在机关、单位，向原定密机关、单位提出。

第二款规定处理定密异议的工作机制。原定密机关、单位对定密异议未予处理，或者提出定密异议的机关、单位对处理结果仍有异议的，按照下列规定办理：一是对各级机关、单位确定为绝密级的国家秘密事项有异议的，报国家保密行政管理部门确定。二是根据保密行政管理职权的划分，对中央国家机关确定的秘密级以上的国家秘密事项有异议的，报国家保密行政管理部门确定；对省级以下机关、单位确定的机密级、秘密级国家秘密事项有异议的，报省、自治区、直辖市保密行政管理部门确定。"未予处理"，是指以下两种情形：一是原定密机关、单位应当予以处理而不处理的；二是原定密机关、单位在较长时间内不作答复，影响定密工作正常开展的。

为加强对有异议事项的管理，第三款规定，在原定密机关、单位作出处理或者保密行政管理部门作出决定前，对有关事项应当按照主张密级中的最高密级采取相应的保密措施。如，一方认为有关事项是秘密级，另一方认为是机密级，对该事项应当按机密级国家秘密的保密要求进行管理。

第三章 保密制度

本章共 29 条，主要规定国家秘密载体、密品、保密要害部门部位、涉密信息系统、安全保密产品和保密技术装备、网络运营者、互联网和智能终端产品、信息公开、涉密数据、对外交往与合作、涉密会议活动、涉密军事设施周边区域、从事涉密业务的企业事业单位、保密资质、涉密采购和委托涉密业务、涉密人员等方面的保密管理制度，并针对危害国家秘密安全的行为作出禁止性规定。

> **第二十七条** 国家秘密载体管理应当遵守下列规定：
> （一）制作国家秘密载体，应当由本机关、本单位或者取得国家秘密载体制作、复制资质的单位承担，制作场所、设备应当符合国家保密规定；
> （二）收发国家秘密载体，应当履行清点、编号、登记、签收手续；
> （三）传递国家秘密载体，应当通过机要交通、机要通信或者其他符合国家保密规定的方式进行；
> （四）阅读、使用国家秘密载体，应当在符合国家保密规定的场所进行；
> （五）复制国家秘密载体或者摘录、引用、汇编属于国家秘密的内容，应当按照规定报批，不得擅自改变原件的密级、保密期

限和知悉范围，复制件应当加盖复制机关、单位戳记，并视同原件进行管理；

（六）保存国家秘密载体的场所、设施、设备，应当符合国家保密规定；

（七）维修国家秘密载体，应当由本机关、本单位专门技术人员负责。确需外单位人员维修的，应当由本机关、本单位的人员现场监督。确需在本机关、本单位以外维修的，应当符合国家保密规定；

（八）携带国家秘密载体外出，应当符合国家保密规定，并采取可靠的保密措施。携带国家秘密载体出境，应当按照国家保密规定办理审批手续；

（九）清退国家秘密载体，应当按照制发机关、单位要求办理。

【释义】 本条是关于国家秘密载体制作、收发、传递、使用、复制、保存、维修、携带、清退等环节保密管理的规定，是对保密法第二十六条、第二十八条的细化。

"国家秘密载体"，是指以文字、数据、符号、图形、图像、视频和音频等方式记载国家秘密信息的纸介质、光介质、磁介质、半导体介质等各类物品。涉密纸介质载体，是指纸质涉密文件、资料、书刊、图纸等。涉密光介质载体，是指利用激光原理写入和读取涉及国家秘密信息的存储介质，包括CD光盘、DVD光盘、蓝光光盘等载体。涉密磁介质载体，是指利用磁原理写入和读取涉及国家秘密信息的存储介质，包括硬磁盘、软磁盘、磁带等载体。涉密半导体介质载体，是指利用半导体技术存储、处理或者传输涉及国家秘密信息的介质，包括固态硬盘、优盘、优盾、存储卡、存储芯片等载体。

国家秘密载体保密管理主要包括在国家秘密载体制作、收发、传递、使用、复制、保存、维修、携带、清退、销毁等各环节中，依照保密法律法规、国家保密规定和标准，所进行的旨在保障其安全的全部活动。加强国家秘密载体全生命周期管理尤为重要，任何一个环节出现问题，都将导致其记载、存储的国家秘密信息失控，给国家安全和利益带来损害。为了加强国家秘密载体全生命周期管理，先后印发了《关于国家秘密载体保密管理的规定》《关于加强国家秘密载体印制保密管理的通知》《邮政机要通信保密管理规定》《国家秘密载体出境保密管理规定》等一系列文件，其中既包括对纸介质国家秘密载体的保密管理，也包括对光介质、磁介质、半导体介质等国家秘密载体的保密管理。

第一项，明确制作国家秘密载体的基本要求。一是关于制作主体。承担制作国家秘密载体的主体应当是本机关、本单位，或者取得国家秘密载体制作、复制资质的单位。机关、单位制作国家秘密载体一般应当在本机关、本单位办公室、文印室、制作室印制；机关、单位自身无法承担制作任务的，必须委托取得国家秘密载体制作、复制资质的单位承担。禁止委托未取得国家秘密载体相应资质的单位制作国家秘密载体。二是关于制作场所、设备。"制作场所、设备应当符合国家保密规定"，是指对制作国家秘密载体的场所、设备应当采取国家保密行政管理部门规定的安全保密措施，符合国家保密规定和标准。此外，制作国家秘密载体，还应当依照定密有关规定，标明密级和保密期限，注明发放范围及制作数量，制作过程中形成的废页、废料、胶版等不需归档的材料要及时销毁。

第二项，明确收发国家秘密载体的基本要求。一是要认真清点，逐件核对，确保文件数量无误，无缺页、漏页等。二是要编号、登记，收文要详细登记文件的信封号、来文机关、收文日期、公文标题、密级、来文字号、份数份号、办理情况等信息，并按照相关信息分类编号；发文要确定发文字号、分送范围和印制份数，并详细编号、记载。三是要严格履行签收手续，清点无误后签字或者盖章，并注明签收日期。急件应当注明签收的具体时间，亲启件应当由机要人员签收后直送本人启封。

第三项，明确传递国家秘密载体的基本要求。传递国家秘密载体应当通过机要交通、机要通信或者指派专人进行。向我驻外机构传递国家秘密载体，应当按照有关规定履行审批手续，通过外交信使传递。机关、单位指派专人传递的，应当选择安全的交通工具和交通路线，并采取相应的安全保密措施，不得通过普通邮政、快递等其他无保密措施的渠道传递国家秘密载体。禁止将国家秘密载体寄递、托运至境外。传输涉密电子文件，应当遵守信息系统和信息设备使用保密管理的有关规定，严禁使用微信、QQ、互联网邮箱等不符合国家保密规定和标准的渠道传递国家秘密。

第四项，明确阅读、使用国家秘密载体的基本要求。阅读、使用国家秘密载体应当在符合保密要求的办公场所进行；确需在办公场所以外阅读、使用国家秘密载体的，应当遵守有关保密规定。阅读、使用国家秘密载体，应当办理登记、签收手续，管理人员要随时掌握国家秘密载体的去向。

第五项，明确复制国家秘密载体或者摘录、引用、汇编属于国家秘密的内容的基本要求。国家秘密载体的复制、摘录、引用、汇编，应当经机关、单位负责人批准，严格履行报批登记手续。复制件应当加盖复制机关、单位戳记并视同原件管理，不得擅自改变原件的密级、保密期限和知悉范围。

第六项，明确保存国家秘密载体的场所、设施、设备的基本要求。保存国家秘密载体，应当配备必要的保密设施、设备，存放在符合安全保密要求的场所。国家秘密载体应当与非国家秘密载体分别存放并定期清查、核对。工作人员离开办公场所，应当将国家秘密载体存放在保密设备中。需要归档的国家秘密载体应当按照国家有关档案法律法规规定及时归档。

第七项，明确维修国家秘密载体的基本要求。维修国家秘密载体由机关、单位内部专门技术人员负责实施。确需外单位人员维修的，应当在本机关、本单位内部进行，并指定专人全程现场监督，严禁外来维修人员读取或者复制国家秘密信息。确需送外维修的，应当送交保密技术服务机构或者保密行政管理部门指定的单位进行。

第八项，明确携带国家秘密载体的基本要求。一是携带国家秘密载体外出，应当采取严格的保密措施，使国家秘密载体始终处于携带人的有效管控之下。参加涉外活动一般不得携带国家秘密载体，因工作需要确需携带国家秘密载体的，应当经本机关、本单位负责人批准，并采取可靠的保密措施。二是携带机密级、秘密级国家秘密载体出境的，应当按照国家保密规定办理批准和携带手续。根据《关于国家秘密载体保密管理的规定》《国家秘密载体出境保密管理规定》等，中央国家机关、中央管理企业携带、传递国家秘密载体出境，由本机关、本单位审查批准；地方各级机关、单位携带、传递国家秘密载体出境，由所在省（自治区、直辖市）有关业务主管部门审查批准；业务主管部门不明确的，由所在省（自治区、直辖市）保密行政管理部门审查批准。作出批准决定的主管部门应当将批准文书和国家秘密载体通过机要交通、机要通信或者指派专人送外交部门，并按照外交部门有关规定办理外交信使（含临时信使）携运手续。绝密级国家秘密载体原则上不得出境。携带国家秘密载体外出途中，遇到安全威胁时，应当立即就近请求公安、国家安全、保密部门或者其他机关、单位予以帮助，并及时向本机关、本单位报告。携带国家秘密载体到境外的，应当遵守因公出境保密管理有关规定。

第九项，明确清退国家秘密载体的基本要求。机关、单位制作国家秘密载体时，如需清退，应当明确清退要求。机关、单位对按照规定需予以清退的国家秘密载体，应当及时如数清退。

第二十八条 销毁国家秘密载体，应当符合国家保密规定和标准，确保销毁的国家秘密信息无法还原。

销毁国家秘密载体，应当履行清点、登记、审批手续，并送交保密行政管理部门设立的工作机构或者指定的单位销毁。机关、单位因工作需要，自行销毁少量国家秘密载体的，应当使用符合国家保密标准的销毁设备和方法。

【释义】本条是关于国家秘密载体销毁管理的规定，是对保密法第二十六条第一款的进一步细化。

"销毁国家秘密载体",是指对已失去使用价值、退出使用的国家秘密载体,采用物理或者化学处理的方式,使之改变本来形态,确保所载国家秘密信息完全消除且无法还原的活动。

第一款明确国家秘密载体销毁管理的基本要求。一是销毁国家秘密载体应当符合国家秘密载体销毁管理有关规定,使用符合国家保密标准的销毁设备和方法。二是确保国家秘密信息无法还原。"无法还原",是指国家秘密载体销毁后形成的残留物或者残片上不存在可以读取的任何国家秘密信息,而且采用现有的技术措施无法恢复。

第二款明确国家秘密载体销毁的基本程序。所有国家秘密载体均不得擅自销毁。机关、单位对需要销毁的国家秘密载体,应当认真履行清点、登记手续,报本机关、本单位主管部门审核批准,并存放在符合安全保密要求的专门场所。机关、单位送销国家秘密载体,应当分类封装、安全运送,并派专人现场监销。国家秘密载体必须送交保密行政管理部门设立的工作机构或者指定的单位销毁,禁止送交其他任何单位销毁。实际工作中,一些机关、单位少量密级较高、需立即销毁的国家秘密载体,可自行组织销毁,但必须严格履行清点、登记和审批手续,并使用符合国家保密标准的销毁设备和方法。国家秘密载体销毁的登记、审批记录应当长期保存备查。

第二十九条　绝密级国家秘密载体管理还应当遵守下列规定:
(一)收发绝密级国家秘密载体,应当指定专人负责;
(二)传递、携带绝密级国家秘密载体,应当两人以上同行,所用包装应当符合国家保密规定;

（三）阅读、使用绝密级国家秘密载体，应当在符合国家保密规定的指定场所进行；

（四）禁止复制、下载、汇编、摘抄绝密级文件信息资料，确有工作需要的，应当征得原定密机关、单位或者其上级机关同意；

（五）禁止将绝密级国家秘密载体携带出境，国家另有规定的从其规定。

【释义】 本条是关于绝密级国家秘密载体保密管理的规定，是对保密法第二十六条第二款的细化。

绝密级国家秘密载体一旦泄露，将会对国家安全和利益造成特别严重的损害。按照"突出重点"的原则，绝密级国家秘密载体的保密管理，除执行实施条例第二十七条规定外，在收发、传递、使用、复制和携带等关键环节，应当采取更为严格的管理措施。本条规定了5项绝密级国家秘密载体保密管理措施：

第一项，明确收发绝密级国家秘密载体的基本要求。绝密级国家秘密载体的收发工作应当指定专门人员负责，并履行清点、编号、登记、签收手续。

第二项，明确传递、携带绝密级国家秘密载体的基本要求。一是关于传递。传递绝密级国家秘密载体，应当严格按照规定通过机要交通、机要通信递送；通过指定人员直接传递的，实行二人护送制。传递绝密级国家秘密载体，所用包装应当符合国家保密规定。使用信封封装绝密级国家秘密载体时，应当使用由防透视材料制作的、周边缝有韧线的信封，信封的封口及中缝处应当加盖密封章或者加贴密封条；使用袋子封装时，袋子的接缝处应当使用双线缝纫，袋口应当用铅志进行双道密封。二是关于外出携带。因工作确需携带绝密级国家秘密载体外出，应当经本机关、本单位主管领导批准，两人以上同行，并采取严格的安全保密措施。

第三项，明确阅读、使用绝密级国家秘密载体的基本要求。机关、单位收到绝密级国家秘密载体后，必须按照规定的范围组织阅读、使用，并对接触和知悉绝密级国家秘密载体内容的人员作出文字记载。阅读、使用绝密级国家秘密载体，应当在符合国家保密规定的指定场所进行。

第四项，明确复制、下载、汇编、摘抄绝密级文件信息资料的基本要求。绝密级文件信息资料，一般不得复制、下载、汇编、摘抄；确有工作需要的，应当征得原定密机关、单位或者其上级机关同意。

第五项，明确绝密级国家秘密载体携带出境的基本要求。绝密级国家秘密载体原则上不得出境。机关、单位确因工作需要携带绝密级国家秘密载体出境的，由中央有关业务主管部门审查批准。业务主管部门不明确的，由国家保密行政管理部门审查批准。

> 第三十条　机关、单位应当依法对密品的研制、生产、试验、运输、使用、保存、维修、销毁等进行管理。
>
> 机关、单位应当及时确定密品的密级和保密期限，严格控制密品的接触范围，对放置密品的场所、部位采取安全保密防范措施。
>
> 绝密级密品的研制、生产、维修应当在符合国家保密规定的封闭场所进行，并设置专门放置、保存场所。

> 密品的零件、部件、组件等物品，涉及国家秘密的，按照国家保密规定管理。

【释义】 本条是关于密品保密管理的规定，是对保密法第二十七条的进一步细化。

"密品"，即属于国家秘密的设备、产品，是指直接含有国家秘密信息，或者通过观察、测试、分析等手段能够获取所承载的国家秘密信息的设备和产品。包括有关密码设备，需要保密的新型尖端武器装备，具有国际领先技术水平且需要保密的科学技术设备、产品，通过特殊途径引进且根据约定需要对外承担保密义务的产品等。

第一款规定密品的研制、生产、试验、运输、使用、保存、维修、销毁等全流程管理要求。《国家秘密设备、产品的保密规定》对密品保密管理作出具体规定，主要包括：

在研制、生产、试验方面，密品的研制、生产、试验涉及两个以上行业或者部门的，各有关单位应当加强联系和协调，明确责任单位，确保密品在各个环节均受到严密保护。外形或者构造易暴露国家秘密的密品，在研制、生产、试验等过程中，应当对其采取遮盖措施或者其他保护性措施。不得露天生产、保存、放置外形或者构造易暴露国家秘密的密品。有特殊要求的密品，应当在出厂前，对可能反映或者暴露其国家秘密的文字标志、特征标志采取伪装或者删除措施。

在运输方面，密品在各环节的交接均应当履行严格的登记签收手续，记录签收情况的登记簿应当保存备查。密品的运输应当符合下列要求：密品应当密封于包装箱内，体积大、无法置于包装箱内的，应当采取其他的安全保密措施；发货、收货和承运单位，对密品的名称、运输方式、运输时间和路线、中途停靠、安全警卫措施等情况负有保密的义务；应当由两人或者两人以上专人押运；需要办理免检手续的，依照国家有关规定执行。

在使用、保存方面，密品的使用单位应当采取相应的保密措施。无关人员不得接触、使用密品。对放置有密品的场所、部位应当加强安全保密防范措施，必要时可设置警卫力量。

在维修、销毁方面，密品的检修和维修应当按照有关规定履行报批手续，并采取相应的保密措施。销毁密品应当先行登记，并依照有关规定履行报批手续。在销毁密品过程中应当选择有保密保障的部门、单位、场所进行；指定专人监销；确保密品被销毁后不再包含国家秘密信息；外形上能直接反映国家秘密的密品，应当彻底毁形；对仍有保密价值的碎屑、粉末、液体等残留物质，应当及时收集并妥善处理。

第二款规定密品的定密及安全保密管理要求。有关机关、单位应当依照国家有关保密规定，及时确定密品的密级和保密期限，同时明确保密要点。密品的研制、生产、使用、保存单位应当对本单位所有密品的密级、保密期限、保密要点等内容进行登记，并根据工作需要向参与密品研制、生产、试验、使用、保存、维修的人员告知上述有关登记内容。各有关单位应当严格控制密品的接触范围，确需接触的，应当按照国家有关保密规定履行报批手续。严禁无关人员参观密品。

第三款规定绝密级密品的研制、生产、维修要求。绝密级密品的研制、生产、维修应当在封闭场所进行，设立专门的放置、保存场所，并由有关管理人员负责保密工作。绝密级密品应当专库（柜）保存。

第四款规定密品的零件、部件、组件等物品管理要求。能反映密品国家秘密信息的文件、资料、图纸、图表，应当按照国家有关保密规定管理。密品的零件、部件、组件等物品，凡涉及国家秘密的，均应当按照《国家秘密设备、产品的保密规定》等国家有关保密规定进行管理。

第三十一条　机关、单位应当依法确定保密要害部门、部位，报同级保密行政管理部门确认，严格保密管理。

【释义】　本条是关于保密要害部门、部位确定和确认的规定，是对保密法第三十九条的进一步细化。

机关、单位应当按照保密法第三十九条规定，依法确定保密要害部门、部位。确定保密要害部门应当遵循最小化原则，尽可能限定到内部最小行政单位，即该行政单位全部或者绝大多数内设机构均涉及绝密级或者较多机密级、秘密级国家秘密事项；确定保密要害部位应当尽可能限定到最小的固定专用场所，即集中制作、存放、保管国家秘密载体的房间或者独立区域。

保密要害部门、部位应当按照分级确认原则，报同级保密行政管理部门确认。中央国家机关及直属单位的保密要害部门、部位由各机关、单位确定，报国家保密行政管理部门确认；省级机关及直属单位的保密要害部门、部位由各机关、单位确定，报所在省、自治区、直辖市保密行政管理部门确认；省级以下机关、单位的保密要害部门、部位由各机关、单位确定，报同级保密行政管理部门确认。

保密要害部门、部位所在的机关、单位，应当按照国家有关规定和标准要求，严格做好人员、场所、设施设备等各方面保密管理。

第三十二条 涉密信息系统按照涉密程度分为绝密级、机密级、秘密级。机关、单位应当根据涉密信息系统存储、处理信息的最高密级确定保护等级，按照分级保护要求采取相应的安全保密防护措施。

【释义】 本条是关于涉密信息系统分级保护制度的规定，是对保密法第三十条第一款、第二款的进一步细化，重点对涉密信息系统的级别、确定保护等级的主要标准和安全保护措施要求进行明确。

"涉密信息系统"，是指由计算机及其相关和配套设施、设备构成的，按照一定应用目标和规则存储、处理国家秘密信息的系统。相对于公共信息系统，涉密信息系统具有3个方面的特点：一是信息内容不同。涉密信息系统存储、处理和传输的信息涉及国家秘密和其他敏感信息，应当严格控制知悉范围；公共信息系统存储、处理和传输的信息不能涉及国家秘密。二是设施、设备标准不同。涉密信息系统的安全保密设施、设备必须符合国家保密标准；公共信息系统的防护设施、设备也应当符合一定技术标准要求，但并不要求执行国家保密标准。三是检测评估和审查要求不同。涉密信息系统必须满足安全保密需求，符合国家保密标准要求，投入使用前必须经安全保密检测评估和审查批准；公共信息系统投入使用前也需进行相关检测，但检测的目的和要求不同。

涉密信息系统安全保密是信息化条件下保密管理的重点，随着信息技术的大力发展和信息化建设的快速推进，越来越多的国家秘密信息需要在涉密信息系统中存储、处理和传输，保密管理的任务越来越重。按照密级高低采取相应防护措施，是做好涉密信息系统保密管理的基础。机关、单位是涉密信息系统密级确定的主体，应当组织本机关、本单位保密、信息化等机构，对拟建设的涉密信息系统进行准确定级，报本机关、本单位保密委员会审定，并填写涉密信息系统基本情况表，送具有相应审查权限的保密行政管理部门备案。

"涉密程度"，是指涉密信息系统的密级，是确定系统安全保密防护级别的依据，是对涉密信息系统等级进行确认和划分的主要判断标准。涉密信息系统按照系统规划设计处理信息的最高密级，分为绝密、机密、秘密3个级别，并按照不同强度的防护要求进行保护。

"分级保护"，是指涉密信息系统的建设使用单位依据分级保护管理办法和国家保密标准，对不同级别的涉密信息系统采取相应的安全保密防护措施，确保既不"过防护"，也不"欠防护"。一是根据不同级别，采取相应强度的保密防护措施。级别越高，保密防护强度必须越高，规划、建设、使用过程中的保密要求、措施必须更加严格。二是按照国家保密规定和标准要求，采取相应的物理隔离、身份鉴别、访问控制、边界防护、安全审计、密码保护、保密自监管等技术和管理措施，精准防控安全保密风险。

各级保密行政管理部门应当根据涉密信息系统的不同级别实施相应的监督管理，确保涉密信息系统及其存储、处理、传输的国家秘密信息安全。

> **第三十三条** 涉密信息系统应当由国家保密行政管理部门设立或者授权的机构进行检测评估，并经设区的市级以上保密行政管理部门审查合格，方可投入使用。
>
> 公安机关、国家安全机关的涉密信息系统测评审查工作按照国家保密行政管理部门会同国务院公安、国家安全部门制定的有关规定执行。

【释义】 本条是关于涉密信息系统投入使用前检测评估和审查的规定，是对保密法第三十条第三款的进一步细化。

第一款规定涉密信息系统投入使用要求。一是明确涉密信息系统投入使用的检测评估要求。"检测评估"，是指国家保密行政管理部门设立或者授权的机构对涉密信息系统的保密性、完整性、可用性和可靠性等方面进行现场检测、专家评估、出具测评结论等相关活动。涉密信息系统投入使用前，应当由国家保密行政管理部门设立或者授权的机构进行测评。依照有关规定，涉密信息系统测评的主要程序是：涉密信息系统建设使用单位在系统建设完成后，应当向具有相应审查权限的保密行政管理部门提出测评审查申请，由国家保密行政管理部门设立或者授权的机构依据有关国家保密标准对涉密信息系统进行测评，全面验证系统采取的安全保密措施能否满足安全保密需求并实现安全目标,为涉密信息系统审查提供依据。二是明确涉密信息系统投入使用的审查要求。"审查",是指具有相应审查权限的保密行政管理部门依据测评结论,作出审查合格或者不合格的审查决定的活动。对审查合格的,保密行政管理部门颁发涉密信息系统审查合格证书;对审查不合格的,保密行政管理部门提出书面整改意见,由机关、单位完成整改后重新提出审查申请。涉密信息系统进行检测评估后,应当经设区的市级以上保密行政管理部门审查合格,方可投入使用。

第二款规定公安机关、国家安全机关涉密信息系统测评审查工作要求。考虑到公安机关、国家安全机关的特殊保密需求,本款明确公安机关、国家安全机关的涉密信息系统测评审查工作,按照国家保密行政管理部门会同国务院公安、国家安全部门制定的有关规定执行。

> **第三十四条** 机关、单位应当加强信息系统、信息设备的运行维护、使用管理,指定专门机构或者人员负责运行维护、安全保密管理和安全审计,按照国家保密规定建设保密自监管设施,定期开展安全保密检查和风险评估,配合保密行政管理部门排查预警事件,及时发现并处置安全保密风险隐患。

【释义】 本条是关于信息系统、信息设备运行维护和使用管理的规定,是对保密法第三十一条的进一步细化。

机关、单位应当切实履行信息系统、信息设备保密管理职责,确保国家秘密信息安全。"信息设备",是指计算机及存储介质、打印机、传真机、复印机、扫描仪、照相机、摄像机等具有信息存储、处理和传输功能的设备。本条主要包括以下内容：

一是运行维护及使用管理要求。在信息系统、信息设备投入运行后，机关、单位应当加强运行维护及使用管理，明确安全保密管理策略，严格落实保密管理制度，指定专门机构或者专门人员具体负责，对运行情况和操作行为进行综合审计分析。

二是建设保密自监管设施要求。为提升信息系统安全保密风险的监测预警和处置能力，本条明确机关、单位应当建设保密自监管设施，及时发现并处置信息系统运行和管理中存在的安全保密风险和窃密泄密事件，并向同级保密行政管理部门或者上级主管部门报告事件及处置情况。

三是安全保密检查评估要求。机关、单位应当定期对信息系统、信息设备安全保密状况、安全保密制度落实情况进行自检查自评估，并接受保密行政管理部门的检查。机关、单位开展信息系统、信息设备安全保密检查和风险评估，应当组织内部人员进行。

四是机关、单位应当配合保密行政管理部门排查预警事件，及时发现并处置安全保密风险隐患。机关、单位收到保密行政管理部门有关通报后，应当立即进行核查处置，并将核查结果及处置措施向保密行政管理部门报告。

第三十五条 机关、单位应当按照国家保密规定，对绝密级信息系统每年至少开展一次安全保密风险评估，对机密级及以下信息系统每两年至少开展一次安全保密风险评估。机关、单位涉密信息系统的密级、使用范围和使用环境等发生变化可能产生新

> 的安全保密风险隐患的，应当按照国家保密规定和标准采取相应防护措施，并开展安全保密风险评估。
>
> 涉密信息系统中使用的信息设备应当安全可靠，以无线方式接入涉密信息系统的，应当符合国家保密和密码管理规定、标准。
>
> 涉密信息系统不再使用的，应当按照国家保密规定和标准对相关保密设施、设备进行处理，并及时向相关保密行政管理部门备案。

【释义】 本条是关于涉密信息系统安全保密风险评估、涉密信息系统无线接入和退出使用的规定，是对保密法第三十条第三款的进一步细化。

第一款规定涉密信息系统安全保密风险评估要求。根据涉密信息系统分级保护相关规定和标准要求，涉密信息系统投入使用后，机关、单位应当定期委托国家保密行政管理部门设立或者授权的测评机构开展安全保密风险评估，绝密级信息系统每年至少开展一次，机密级和秘密级信息系统每两年至少开展一次。涉密信息系统在运行过程中，系统的密级、使用范围和使用环境等发生变化时，都可能导致原有安全保密措施不符合涉密信息系统安全保密防护要求。如，涉密信息系统保护等级、连接范围、所处物理环境等发生变化，可能导致涉密信息系统产生新的安全保密风险的，应当开展安全保密风险评估。

第二款规定涉密信息系统中使用的信息设备应当安全可靠，以无线方式接入涉密信息系统的，应当符合国家保密和密码管理规定、标准。一是为保障涉密信息系统中使用的信息设备供应链安全，机关、单位应当采购安全可靠的信息设备。二是信息设备如果以无线方式接入涉密信息系统，应当综合采取符合国家保密和密码管理规定、标准要求的技术和管理措施进行保护。

第三款规定涉密信息系统退出使用的管理要求。涉密信息系统的全生命周期都应当加强管理，系统报废是涉密信息系统全生命周期管理的最后环节。对于不再使用的涉密信息系统，其相关保密设施、设备，如安全保密产品以及计算机终端、服务器等设备，其投入使用后存储的国家秘密信息，即使删除仍可通过技术手段恢复，若随意处置，存在严重泄密隐患。机关、单位应当按照国家保密规定和标准对相关保密设施、设备进行处理，包括销毁或者信息消除，以确保国家秘密信息无法被恢复。在处理完成后，应当及时将系统废止情况送具有相应审查权限的保密行政管理部门备案，完成涉密信息系统全生命周期的闭环管理。

第三十六条 研制、生产、采购、配备用于保护国家秘密的安全保密产品和保密技术装备应当符合国家保密规定和标准。

国家鼓励研制生产单位根据保密工作需要，采用新技术、新方法、新工艺等创新安全保密产品和保密技术装备。

【释义】 本条是关于用于保护国家秘密的安全保密产品和保密技术装备研制、生产、采购、配备和创新的规定，是对保密法第三十二条的进一步细化。

"安全保密产品"，是指党政机关和涉及国家秘密的单位用于保护涉密信息系统、国家秘密信息、国家秘密载体、涉密场所、涉密会议活动安全保密所使用的软硬件产品和设施设备。"保密技术装备",是指各级保密行政管理部门及其设立或者授权的机构依法履行保密检查、案件核查、技术监测、检测评估、技术服务等职能所使用,具有特定安全保密功能且经规定程序确定的软硬件产品和设施设备。

第一款规定安全保密产品和保密技术装备的研制、生产、采购、配备等全流程管理应当符合国家保密规定和标准。"研制",是指安全保密产品和保密技术装备研制生产单位通过一系列有计划、有目的的研究、探索、试验、制造,开发出以安全保密功能为主的产品和装备的行为及活动。"生产",是指安全保密产品和保密技术装备研制生产单位在符合国家保密规定和标准的场所,使用相应工具和技术,制造出符合国家保密规定和标准要求的产品和装备的行为及活动。"采购",是指机关、单位为满足保密工作需要,按照采购相关规定从供应市场选购相应产品和装备的行为及活动。"配备",是指机关、单位根据保密工作需要,为本机关、本单位或者其他机关、单位提供相应产品和装备的行为及活动。安全保密产品和保密技术装备具有特定的安全保密功能,其质量与安全性直接关系国家安全和利益,必须严格执行国家保密规定和标准。安全保密产品和保密技术装备已有较为成熟的国家保密标准。

第二款规定国家鼓励安全保密产品和保密技术装备创新。国家鼓励研制生产单位根据保密工作需要,采用新技术、新方法、新工艺等创新安全保密产品和保密技术装备,促进安全保密产品和保密技术装备从"有什么,用什么"向"用什么,有什么"转变,进一步增强与高科技窃密相抗衡的保密能力。

> **第三十七条** 研制生产单位应当为用于保护国家秘密的安全保密产品和保密技术装备持续提供维修维护服务，建立漏洞、缺陷发现和处理机制，不得在安全保密产品和保密技术装备中设置恶意程序。
>
> 研制生产单位可以向国家保密行政管理部门设立或者授权的机构申请对安全保密产品和保密技术装备进行检测，检测合格的，上述机构颁发合格证书。研制生产单位生产的安全保密产品和保密技术装备应当与送检样品一致。

【释义】 本条是关于用于保护国家秘密的安全保密产品和保密技术装备研制生产单位的规定，是对保密法第三十二条的进一步细化。

第一款规定安全保密产品和保密技术装备研制生产单位的义务。一是提供维修维护服务。"维修维护"，主要是指安全保密产品和保密技术装备研制生产单位对其生产销售的产品和装备具有提供排除技术故障服务、保持持续稳定运行的责任和义务。二是建立漏洞、缺陷发现和处理机制。如果安全保密产品和保密技术装备硬件、软件、协议的具体实现或者安全策略存在漏洞、缺陷，一旦被攻击者利用，就可能威胁国家秘密安全。研制生产单位应当建立安全保密产品和保密技术装备漏洞、缺陷发现和应急处理机制，第一时间修复相关漏洞、缺陷，确保国家秘密安全。三是不得设置恶意程序。"恶意程序"，是指未经授权，在用于保护国家秘密的安全保密产品和保密技术装备中安装、执行以达到非正常目的的程序。在安全保密产品和保密技术装备中设置恶意程序，将对国家秘密安全造成严重威胁，必须禁止。

第二款规定安全保密产品和保密技术装备检测制度。研制生产单位可以向国家保密行政管理部门设立或者授权的机构申请对用于保护国家秘密的安全保密产品和保密技术装备进行检测。安全保密产品和保密技术装备检测合格后，由相应机构颁发检测合格证书。为确保机关、单位实际使用的安全保密产品和保密技术装备有效发挥作用、维护国家秘密安全，研制生产单位应当遵守诚实信用原则，确保其生产、销售的产品和装备与送检样品一致，符合相应国家保密规定和标准。

> **第三十八条** 国家保密行政管理部门组织其设立或者授权的机构开展用于保护国家秘密的安全保密产品和保密技术装备抽检、复检，发现不符合国家保密规定和标准的，应当责令整改；存在重大缺陷或者重大泄密隐患的，应当责令采取停止销售、召回产品等补救措施，相关单位应当配合。

【释义】本条是关于开展安全保密产品和保密技术装备抽检、复检的规定，是对保密法第三十二条第二款的进一步细化。

为确保安全保密产品和保密技术装备符合国家保密规定和标准，提高产品和装备的质量和性能，由国家保密行政管理部门组织其设立或者授权的机构，对已生产、待销售或者已销售的相关产品和装备进行抽检、复检。发现不符合国家保密规定和标准的，应当根据不同情形采取处理措施，主要包括：一是发现用于保护国家秘密的安全保密产品和保密技术装备的功能性和安全性不符合国家保密规定和标准的，应当责令整改。二是发现用于保护国家秘密的安全保密产品和保密技术装备存在重大设计缺陷或者重大泄密隐患的，应当责令采取停止销售、召回产品等补救措施，相关单位应当采取必要措施积极配合。

> **第三十九条** 网络运营者应当遵守保密法律法规和国家有关规定，建立保密违法行为投诉、举报、发现、处置制度，完善受理和处理工作机制，制定泄密应急预案。发生泄密事件时，网络运营者应当立即启动应急预案，采取补救措施，并向保密行政管理部门或者公安机关、国家安全机关报告。

【释义】 本条是关于网络运营者建立保密违法行为投诉、举报、发现、处置制度和泄密应急处置、情况报告义务的规定，是对保密法第三十四条的进一步细化。

这里的"网络运营者"，是指互联网及其他公共信息网络的所有者、管理者和服务提供者，不包括涉密网络运营者。网络运营者承担着保障网络安全稳定运行、防范网络违法犯罪活动、维护网络数据安全的职责，对于及时发现、处置互联网违法公开、发布、传播国家秘密信息发挥着重要作用。

网络运营者开展经营和服务活动，应当遵守保密法律法规和国家有关规定，履行下列义务：

一是保密违法行为投诉、举报、发现、处置义务。网络运营者应当建立保密违法行为投诉、举报、发现、处置制度，及时受理并处理公民的投诉、举报，积极配合有关部门发现、处置利用其网络发布的涉及保密违法的信息。

二是应急处置义务。网络运营者应当制定泄密应急预案,明确泄密事件应急处置的组织机构及其职责、应急响应程序、处置措施等。发生泄密事件时,网络运营者应当立即启动应急预案进行处置,及时查明影响范围,分析确定事件原因,采取相应的补救措施,防止泄密危害后果进一步扩大。

三是情况报告义务。发生泄密事件时,网络运营者应当按照规定,及时向保密行政管理部门或者公安机关、国家安全机关报告泄密事件及其应急处置情况。

> **第四十条** 网络运营者对保密行政管理部门依法实施的保密违法案件调查和预警事件排查,应当予以配合。
>
> 省级以上保密行政管理部门在履行保密监督管理职责中,发现网络存在较大泄密隐患或者发生泄密事件的,可以按照规定权限和程序对该网络运营者的法定代表人或者主要负责人进行约谈,督促其及时整改,消除隐患。

【释义】 本条是关于网络运营者配合义务和保密行政管理部门约谈制度的规定,是对保密法第三十四条的进一步细化。

第一款规定网络运营者配合义务。网络运营者应当按照保密行政管理部门要求,提供涉嫌保密违法案件调查和预警事件排查所需要的信息等,为调查和排查活动提供便利。网络运营者拒绝、阻碍保密行政管理部门依法实施保密违法案件调查和预警事件排查的,应当承担相应的法律责任。

第二款规定保密行政管理部门约谈制度。保密行政管理部门按照规定权限对网络运营者进行约谈，主要把握以下方面：一是约谈的主体和对象。有权进行约谈的主体是负有保密监督管理职责的省级以上保密行政管理部门。约谈对象是网络运营者内部承担信息管理主要责任的人员，包括其法定代表人或者主要负责人。二是约谈的情形和法定条件。采取约谈措施的情形包括发现网络存在较大泄密隐患、发生泄密事件。约谈应当按照规定的权限和程序进行。保密行政管理部门应当听取网络运营者关于信息管理制度执行、泄密风险防范、泄密事件处置等情况的报告，指出网络运营者在网络信息管理中存在的问题，对网络运营者进一步加强网络信息管理提出具体要求，明确整改责任，督促网络运营者及时消除泄密隐患。三是约谈的法律效力。网络运营者应当按照保密行政管理部门的要求采取措施，及时消除泄密隐患或者妥善处置泄密事件。约谈对象无正当理由不接受约谈、不接受整改意见或者不落实整改承诺的，保密行政管理部门应当采取进一步的监管和追责措施。

第四十一条　机关、单位应当加强对互联网使用的保密管理。机关、单位工作人员使用智能终端产品等应当符合国家保密规定，不得违反有关规定使用非涉密信息系统、信息设备存储、处理、传输国家秘密。

【释义】　本条是关于机关、单位互联网使用保密管理和机关、单位工作人员使用智能终端产品等保密管理的规定，是对保密法第二十九条、第三十一条的进一步细化。

机关、单位在依法使用互联网的同时，应当履行保守国家秘密的基本义务，遵守国家保密规定，切实加强对互联网使用的保密管理。

本条所称"智能终端产品"，是指能够接入互联网及其他公共信息网络、具有操作系统、可运行应用软件的手机、计算机、智能穿戴设备等终端产品。机关、单位工作人员使用智能终端产品等应当符合国家保密规定，不得将智能终端产品等带入保密要害部位或者涉密会议、活动场所，不得在保密要害部门使用智能终端产品等，不得在涉密办公场所和使用涉密信息设备的场所使用智能终端产品等进行视频通话、拍照、上网、录音和录像等。

机关、单位工作人员不得违反有关规定使用非涉密信息系统、信息设备存储、处理、传输国家秘密。使用非涉密信息系统、信息设备存储、处理、传输国家秘密，将使国家秘密失去有效控制和保护，极易造成泄密。

第四十二条 机关、单位应当健全信息公开保密审查工作机制，明确审查机构，规范审查程序，按照先审查、后公开的原则，对拟公开的信息逐项进行保密审查。

【释义】 本条是关于信息公开保密审查的规定，是对保密法第三十五条的进一步细化。

信息公开保密审查是机关、单位信息公开工作的重要组成部分。其中，行政机关公开政府信息，应当按照政府信息公开条例规定，建立健全政府信息公开保密审查机制，明确审查的程序和职责。行政机关以外的机关、单位公开信息，也应当建立健全相应的保密审查机制，依法履行信息公开保密审查职责。

一是关于保密审查的机构。机关、单位应当在建立健全本机关、本单位信息公开保密审查机制的基础上，由信息公开工作机构或者综合管理部门、新闻宣传部门、保密工作机构等负责本机关、本单位信息公开保密审查工作。

二是关于保密审查的程序。机关、单位拟公开的信息，应当由承办部门提出具体意见，经负责信息公开保密审查的机构审查后，报本机关、本单位有关负责同志或者其指定的人员审批。未经审查和批准，不得公开。机关、单位不能确定信息是否可以公开的，应当依照法律、法规和国家有关规定报主管部门或者保密行政管理部门确定。

三是关于保密审查的原则。机关、单位公开发布信息，应当坚持"谁公开，谁负责""先审查，后公开""一事一审"的原则，严格实行信息公开保密审查工作责任制，正确处理保密与公开的关系，做到该保守的秘密坚决守住，该公开的信息依法公开。

四是关于保密审查的内容。依法确定为国家秘密的信息，法律、行政法规禁止公开的信息，以及公开后可能危及国家安全、公共安全、经济安全、社会稳定的信息，不予公开。涉及商业秘密、个人隐私等公开会对第三方合法权益造成损害的信息，不得公开。但是，第三方同意公开或者行政机关认为不公开会对公共利益造成重大影响的，予以公开。

第四十三条 机关、单位应当承担涉密数据安全保护责任，涉密数据收集、存储、使用、加工、传输、提供等处理活动应当符合国家保密规定。

> 省级以上保密行政管理部门应当会同有关部门建立动态监测、综合评估等安全保密防控机制，指导机关、单位落实安全保密防控措施，防范数据汇聚、关联引发的泄密风险。
>
> 机关、单位应当对汇聚、关联后属于国家秘密事项的数据依法加强安全管理，落实安全保密防控措施。

【释义】 本条是关于数据保密管理的规定，是对保密法第三十六条的进一步细化。

"数据"，是指任何以电子或者其他方式对信息的记录。随着信息技术和人类生产生活交汇融合，各类数据迅猛增长、海量聚集，对经济发展、社会治理、人民生活产生了重大而深刻的影响。数据是国家基础性战略资源，在国际竞争中发挥的效用日益提升，对数据的掌控能力是衡量国家竞争力的关键因素，数据安全问题与国家主权、安全、发展利益息息相关。党中央高度重视数据安全，党的二十大报告强调，强化数据安全保障体系建设。数据安全已成为事关国家安全与经济社会发展的重大问题。

第一款是关于涉密数据安全保护责任的规定。《中华人民共和国数据安全法》第五十三条规定，开展涉及国家秘密的数据处理活动，适用保密法等法律、行政法规的规定。涉密数据是国家秘密信息的重要组成部分，其处理活动包括数据的收集、存储、使用、加工、传输、提供等。机关、单位应当承担涉密数据安全保护主体责任，开展涉密数据处理活动应当符合国家秘密保密管理的一般性规定，同时遵守涉密数据保密管理的专门性规定。

第二款是关于建立安全保密防控机制的规定。"数据汇聚、关联"，主要是指数据汇总、聚合后在原有数据的基础上形成数据集合，或者数据通过时间、地域、国别、领域等一定共性相互联系。"动态监测"，主要是指针对数据汇聚、关联引发的泄密风险进行持续监测，收集分析相关信息，发现和识别安全保密威胁。"综合评估"，主要是指对数据汇聚、关联可能引发的泄密风险以及事件可能造成的影响进行综合分析、研判和评估。信息化条件下，数据收集、汇聚、挖掘、分析更加便利，很多不涉及国家秘密的数据，经过汇聚、关联可能关系国家安全和利益，在整理分析后可能属于国家秘密。省级以上保密行政管理部门应当会同有关主管部门建立动态监测、综合评估等安全保密防控机制，压实数据安全保密防控责任，加强数据安全保密防控指导，督促机关、单位落实安全保密防控措施，防范数据汇聚、关联引发的泄密风险。

第三款是关于机关、单位对汇聚、关联后属于国家秘密事项的数据加强安全管理的规定。机关、单位应当在保密行政管理部门和有关主管部门的指导下，对汇聚、关联后属于国家秘密事项的数据依法加强安全管理，控制数据访问权限，防范数据泄露，落实加密存储、授权访问、严格控制共享范围或者其他严格的安全保密防控措施。

第四十四条 机关、单位向境外或者向境外在中国境内设立的组织、机构提供国家秘密，任用、聘用的境外人员因工作需要知悉国家秘密的，应当按照国家保密规定办理，进行审查评估，签订保密协议，督促落实保密管理要求。

【释义】 本条是关于涉外保密管理的规定，是对保密法第三十七条的进一步细化。

关于向境外或者向境外在中国境内设立的组织、机构提供国家秘密。根据《中华人民共和国出境入境管理法》有关规定，"境外"是指其他国家或者地区和我国香港特别行政区、澳门特别行政区、台湾地区。"向境外或者向境外在中国境内设立的组织、机构提供国家秘密"，是指在与境外或者境外在中国境内设立的组织、机构交往与合作中，从国家整体利益和对外交往合作的实际出发，权衡利弊，遵循合理、合法、适度的原则，经有关机关审查批准后，向境外合作方提供国家秘密。机关、单位向境外或者向境外在中国境内设立的组织、机构提供国家秘密时，应当按照国家保密规定办理，进行保密审查并作必要的技术处理，报有审批权限的部门批准，执行政府间保密协定或者与对方签订保密协议，督促落实保密管理要求。任何组织和个人不得擅自对外提供国家秘密。协议的基本内容包括：向境外或者向境外在中国境内设立的组织、机构提供的国家秘密事项及理由，承担的保密义务，违约责任等。目前，涉及这方面的具体规定主要包括《国家秘密载体出境保密管理规定》《关于加强境内企业境外发行证券和上市相关保密和档案管理工作的规定》以及对外交往与合作提供涉密资料有关保密管理规定等。

关于任用、聘用境外人员知悉国家秘密。随着我国对外交流与合作的不断深入，任用、聘用境外管理人员、科研人员的情况日益增多。机关、单位在境内任用、聘用的境外人员在工作中确需接触、知悉我国家秘密的，应当按照国家保密规定办理，进行审查评估，报有审批权限的部门批准，并与经批准知悉国家秘密的境外人员签订保密协议，要求其承担保密义务。协议的基本内容包括：需要知悉的国家秘密事项及理由、承担的保密义务、违约责任、协议的法律效力等。

机关、单位应当指定专门机构和人员管理保密协议执行情况。一旦发现违反协议的情形或者存在威胁国家秘密安全的行为，应当立即采取有效措施，消除泄密隐患，并依法严肃追究有关责任人员的责任。

> **第四十五条** 举办会议或者其他活动涉及国家秘密的，主办单位应当采取下列保密措施，承办、参加单位和人员应当配合：
>
> （一）根据会议、活动的内容确定密级，制定保密方案，限定参加人员和工作人员范围；
>
> （二）使用符合国家保密规定和标准的场所、设施、设备，采取必要保密技术防护等措施；
>
> （三）按照国家保密规定管理国家秘密载体；
>
> （四）对参加人员和工作人员进行身份核实和保密教育，提出具体保密要求；
>
> （五）保密法律法规和国家保密规定要求的其他措施。
>
> 通过电视、电话、网络等方式举办会议或者其他活动涉及国家秘密的，还应当符合国家有关保密标准。

【释义】本条是关于涉及国家秘密的会议、活动（以下简称涉密会议、活动）保密管理的规定，是对保密法第三十八条的进一步细化。

第一款明确主办单位的保密管理主体责任以及承办、参加单位和人员的配合责任。涉密会议、活动保密管理应当按照"谁主办，谁负责"的原则，由主办单位履行保密管理职责。特别是主办单位要对承办、参加单位和人员提出明确的保密管理要求，督促其承担相应保密义务，落实保密管理措施，提供安全保密的环境、设施和设备，明确工作人员的保密责任，要求其做好保密服务保障工作。保密行政管理部门应当对重大涉密会议、活动的保密工作进行监督和指导，并提供必要的安全保密技术服务保障。

涉密会议、活动保密管理的具体措施主要包括：

第一项，确定密级，制定保密方案，限定参加人员和工作人员的范围。主办单位应当根据会议、活动的主题、内容或者文件、资料涉及国家秘密的最高密级，及时确定会议、活动的密级；根据会议、活动的涉密程度制定相应保密方案，明确具体保密措施，并明确专人负责督促落实；根据会议、活动涉密程度和工作需要，确定参加人员和工作人员范围。

第二项，会议场所、设施、设备应当符合国家保密规定和标准，采取必要的防护措施。举办涉密会议、活动，应当在符合国家保密规定的场所进行，配备必要的手机屏蔽柜、保密文件柜、移动信号干扰器等设施、设备。会议使用的扩音、录音、录像等电子设备、设施应当符合国家保密标准，并经过保密技术检测，参加人员携带、使用录音、录像设备应当经主办单位批准。不得使用手机、对讲机、无绳电话、无线话筒、无线键盘、无线网络等无线设备或者装置。会议使用的信息系统和信息设备应当符合保密标准及安全保密要求，不得接入非涉密网络，不得使用非涉密存储介质。

第三项，严格国家秘密载体管理。主办单位应当严格执行国家有关保密管理规定，对涉密会议、活动使用或者形成的涉密文件、资料及其他国家秘密载体，在制作、分发、存放、回收、销毁等各个环节，明确专人管理，严格落实保密管理措施。涉密文件起草应当选择安全可靠的场所；涉密文件、资料及其他国家秘密载体的印制、传递应当严格按照国家有关规定进行；涉密文件、资料的分发应当登记、编号，履行签收手续，并妥善保管；不得擅自复印、私自留存涉密文件、资料。

第四项，对参加人员和工作人员进行身份核实和保密教育，提出保密要求。参加人员包括出席人员和列席人员，工作人员包括会务人员和服务人员等。对参加人员和工作人员身份进行核实，应当逐一核对姓名、单位、职务等情况并登记。开展保密教育，主要是要求参加人员妥善管理涉密文件、资料和其他国家秘密载体，不得擅自记录、录音、录像、拍照或者摘抄，不得擅自复印涉密文件、资料，不得擅自接受采访或者公开会议、活动信息。必要时，可以组织签订保密承诺书。

此外，第五项还规定兜底条款，明确涉密会议、活动主办单位应当采取符合保密法律法规和国家保密规定要求的其他措施。

第二款规定通过电视、电话、网络等方式举办会议或者其他活动涉及国家秘密的，还应当符合国家有关保密标准。涉密视频会议系统应当满足涉密信息系统和涉密视频会议系统安全保密技术标准，经审查合格后，方可存储、处理、传输国家秘密信息。涉密视频会议系统中的设备不得具有蓝牙、无线网卡等无线数据发射和接收装置，红外发射和接收装置仅用于设备遥控，禁止配备无线麦克风、无线键盘、无线鼠标等无线外设,不得使用无线平板电脑等无线设备控制涉密会议系统;音视频信号控制类设备、音视频输入输出设备不得同时连接涉密视频会议系统和非涉密信息系统。召开涉密视频会议的场所应当遵照涉密场所有关规定和标准建设和管理,并定期进行防窃听窃照检查。

第四十六条 保密行政管理部门及其他主管部门应当加强对涉密军事设施及其他重要涉密单位周边区域保密管理工作的指导和监督,建立协调机制,加强军地协作,组织督促整改,有关机关、单位应当配合,及时发现并消除安全保密风险隐患。

【释义】 本条是关于涉密军事设施及其他重要涉密单位周边区域保密管理的规定,是对保密法第四十条的进一步细化。

为了确保涉密军事设施及重要涉密单位安全保密,保障其使用效能,需要在其外围划定一定的空间区域,对影响安全保密的行为活动作出必要限制。

保密行政管理部门及其他主管部门应当在其职权范围内,加强与军队和有关部门的沟通协调,建立健全军地双方信息共享、风险会商、防控协同的长效机制,指导和监督有关机关、单位加强涉密军事设施及其他重要涉密单位周边区域保密管理工作,定期进行监督检查,及时发现问题,督促整改。有关机关、单位应当积极配合,做好涉密军事设施及其他重要涉密单位周边区域保密管理工作,认真落实各项保密管理措施,规范部署安全防护设施设备,及时发现、消除失泄密风险隐患,确保国家秘密安全。

第四十七条 从事涉及国家秘密业务（以下简称涉密业务）的企业事业单位应当符合下列条件：

（一）在中华人民共和国境内依法成立 1 年以上的法人，国家另有规定的从其规定；

（二）无犯罪记录，近 1 年内未发生泄密案件；

（三）从事涉密业务的人员具有中华人民共和国国籍，国家另有规定的从其规定；

（四）保密制度完善，有专门的机构或者人员负责保密工作；

（五）用于涉密业务的场所、设施、设备符合国家保密规定和标准；

（六）具有从事涉密业务的专业能力；

（七）保密法律法规和国家保密规定要求的其他条件。

【释义】 本条是关于从事涉密业务的企业事业单位应当具备的基本条件的规定，是对保密法第四十一条第一款的进一步细化。

第一，明确从事涉密业务的企业事业单位应当具备的基本条件。一是从事涉密业务的企业事业单位应当在中华人民共和国境内注册，取得法人资格 1 年以上。二是无危害国家安全、危害公共安全、破坏社会主义市场经济秩序、妨害社会管理秩序、危害国防利益、行贿等单位犯罪记录，在申请资质前 1 年内未发生泄密案件，具有持续经营的能力和守法经营的基础。三是企业事业单位中从事涉密业务的人员应当是中华人民共和国境内的中国公民。四是企业事业单位应当具有相应的专业能力，确保涉密业务顺利开展。对从事涉密业务企业事业单位的成立年限、涉密业务人员国籍要求，国家另有规定的从其规定。

第二，明确从事涉密业务的企业事业单位应当具备的保密条件。建立完备的保密管理体系，实施有效保密管理，是确保国家秘密安全的重要基础。根据本条规定，从事涉密业务的企业事业单位，一是要结合国家保密法律法规和本单位工作实际，建立完善的保密规章制度，规范工作人员的行为。二是要建立健全保密责任体系，明确法定代表人或者主要负责人、涉密项目负责人、从事涉密业务的工作人员的保密责任，同时指定专门机构或者人员负责保密管理，设立专门的保密工作经费，确保各项规章制度的落实。三是要指定专门场所开展涉密业务，配备符合工作需要的设施、设备，采取符合国家保密规定和标准的安全保密防护措施。

通过列举形式明确从事涉密业务的企业事业单位应当符合的条件，无法涵盖所有情形。因此，第七项规定企业事业单位从事涉密业务还应当符合保密法律法规和国家保密规定要求的其他条件。

第四十八条　从事国家秘密载体制作、复制、维修、销毁，涉密信息系统集成，武器装备科研生产，或者涉密军事设施建设等涉密业务的企业事业单位，应当由保密行政管理部门单独或者会同有关部门进行保密审查，取得保密资质。

取得保密资质的企业事业单位，不得有下列行为：

（一）超出保密资质业务种类范围承担其他需要取得保密资质的业务；

（二）变造、出卖、出租、出借保密资质证书；

（三）将涉密业务转包给其他单位或者分包给无相应保密资质

的单位;

(四)其他违反保密法律法规和国家保密规定的行为。

取得保密资质的企业事业单位实行年度自检制度,应当每年向作出准予行政许可决定的保密行政管理部门报送上一年度自检报告。

【释义】 本条包括3个方面的内容:一是企业事业单位从事特定涉密业务应当进行保密审查,取得保密资质;二是取得保密资质的企业事业单位的禁止性行为;三是取得保密资质的企业事业单位实行年度自检制度。本条是对保密法第四十一条第二款的进一步细化。

第一款明确需要取得保密资质方可从事的涉密业务范围和保密审查主体。根据本款规定,企业事业单位从事国家秘密载体制作、复制、维修、销毁,涉密信息系统集成,武器装备科研生产,或者涉密军事设施建设等涉密业务,应当经过保密审查,取得保密资质。同时,本款明确保密审查主体,规定保密审查由保密行政管理部门单独或者会同有关部门进行。

第二款采取列举方式,明确取得保密资质的企业事业单位的禁止性行为。

第一项,超出保密资质业务种类范围承担其他需要取得保密资质的业务。主要是指超出保密资质许可的业务种类或者超越保密资质等级从事涉密业务。

第二项,变造、出卖、出租、出借保密资质证书。"变造",是指使用涂改、擦除、拼接等方式,非法制作保密资质证书的行为。"出卖",是指非法售卖保密资质证书的行为。"出租",是指以保密资质证书使用权换取他人租金的行为。"出借"，是指将保密资质证书借作他人使用的行为。

第三项，将涉密业务转包给其他单位或者分包给无相应保密资质的单位。涉密业务严禁转包，转包涉密业务给具有保密资质或者不具有保密资质的单位均属违法。"转包给其他单位"，是指取得保密资质的企业事业单位承包涉密项目后，不实际履行责任义务，将承包的全部涉密项目转包给他人。涉密业务在符合规定的情况下可以分包。在对涉密业务进行分包时，涉密部分必须由具有保密资质的单位承担。"分包给无相应保密资质的单位"，是指取得保密资质的企业事业单位承包涉密业务后，将所承包涉密业务的涉密部分发包给未取得保密资质的企业事业单位，或者发包给不具备相应保密资质等级、保密资质类别的企业事业单位的行为。

通过列举形式明确取得保密资质的企业事业单位的禁止性行为，无法涵盖所有违法情形。因此，第四项将"其他违反保密法律法规和国家保密规定的行为"作为兜底情形，对于整治新型违法行为具有重要作用。

第三款规定保密资质年度自检制度。自检制度是落实国务院行政审批制度改革精神和简化企业年审工作的具体措施，是保密行政管理部门对取得保密资质的企业事业单位依法开展事中事后监管、有效掌握其保密管理能力水平的重要抓手，也是取得保密资质的企业事业单位预防潜在风险、强化保密管理的有力措施。取得保密资质的企业事业单位应当按规定完成上一年度自检任务，并将自检报告报送作出准予行政许可决定的保密行政管理部门。

第四十九条　机关、单位采购涉及国家秘密的工程、货物、服务，或者委托企业事业单位从事涉密业务，应当根据国家保密规定确定密级，并符合国家保密规定和标准。机关、单位应当与有关单位、个人签订保密协议，提出保密要求，采取保密措施，实施全过程管理。

机关、单位采购或者委托企业事业单位从事本条例第四十八条第一款规定的涉密业务的，应当核验承担单位的保密资质。采购或者委托企业事业单位从事其他涉密业务的，应当核查参与单位的业务能力和保密管理能力。

政府采购监督管理部门、保密行政管理部门应当依法加强对涉及国家秘密的工程、货物、服务采购或者其他委托开展涉密业务的监督管理。

【释义】　本条是关于涉及国家秘密的采购（以下简称涉密采购）和委托涉密业务保密管理的规定，是对保密法第四十二条的进一步细化。

第一款明确机关、单位涉密采购或者委托涉密业务的保密管理规定。机关、单位涉密采购或者委托企业事业单位从事涉密业务，因采购对象、渠道、用途等涉及国家秘密，需要在采购过程中控制国家秘密的知悉范围，并采取保密措施。需着重把握以下内容：

第一，明确涉密采购的法律依据。政府采购法第八十五条规定，涉及国家安全和秘密的采购，不适用该法。招标投标法第六十六条规定，涉及国家安全、国家秘密等特殊情况，不适宜进行招标的项目，按照国家有关规定可以不进行招标。

第二，明确涉密采购的范围，主要包括涉及国家秘密的工程、货物、服务。

涉及国家秘密的工程（以下简称涉密工程）保密管理涉及环节较多，包括涉密工程的确定、建设、使用、维护等整个过程。涉密工程建设单位负责涉密工程的确定，并对涉密工程的保密管理负总责；涉密工程建设、施工、监理等单位，应当在各自职责范围内承担保密管理责任。

涉及国家秘密的货物（以下简称涉密货物），主要包括采购的货物本身属于国家秘密或者采购用途、采购行为等涉及国家秘密。涉密货物采购保密管理主要包括：坚持"谁采购，谁负责"；坚持安全可靠优先；投入使用前，应当进行安全保密技术检查检测。

涉及国家秘密的服务（以下简称涉密服务），主要包括涉及国家秘密的会议活动、资产评估、财务审计、档案数字化、系统集成、维修维护、法律咨询等服务。机关、单位采购涉密服务应当遵守有关规定，进行保密审查，加强保密管理。

需要注意的是，根据实施条例的规定，对涉密工程、货物和服务，应当由机关、单位根据国家有关保密规定确定密级。机关、单位没有定密权限的，应当按照规定报请有定密权限的上级机关、单位确定；没有上级机关、单位的，及时提请有相应定密权限的业务主管部门或者保密行政管理部门确定。

第二款规定机关、单位涉密采购或者委托企业事业单位从事实施条例第四十八条第一款规定的国家秘密载体制作、复制、维修、销毁，涉密信息系统集成，武器装备科研生产，或者涉密军事设施建设等涉密业务，应当核验有关单位的保密资质；采购或者委托企业事业单位从事其他涉密业务的，应当核查有关单位的业务能力和保密管理能力，以确保承担涉密业务的企业事业单位符合要求。

第三款规定政府采购监督管理部门、保密行政管理部门的监督管理责任。考虑到涉密采购活动有一定的封闭性，政府采购监督管理部门和保密行政管理部门应当依法加强涉密采购活动管理，建立健全涉密采购保密管理制度，规范涉密采购标准和程序，依法查处弄虚作假或者假借涉密采购规避公开招投标等不法行为。

> **第五十条** 机关、单位应当依法确定涉密岗位，对拟任用、聘用到涉密岗位工作的人员进行上岗前保密审查，确认其是否具备在涉密岗位工作的条件和能力。未通过保密审查的，不得任用、聘用到涉密岗位工作。
>
> 机关、单位组织人事部门负责组织实施保密审查时，拟任用、聘用到涉密岗位工作的人员应当如实提供有关情况；需要其原工作、学习单位以及居住地有关部门和人员配合的，相关单位、部门和人员应当配合。必要时，公安机关、国家安全机关依申请协助审查。
>
> 机关、单位组织人事部门应当定期组织复审，确保涉密人员符合涉密岗位工作要求。

【释义】 本条是关于涉密人员岗前保密审查、复审的规定，是对保密法第四十三条第二款、第三款的进一步细化。

第一款明确涉密岗位确定和涉密人员上岗前保密审查要求。一是明确机关、单位依法确定涉密岗位的职责。涉密岗位，是指工作岗位职责涉及保密事项范围规定事项，或者产生、办理、接触、使用国家秘密的数量和密级达到一定标准的岗位，分为核心、重要、一般涉密岗位。在涉密岗位工作的人员是涉密人员，在核心涉密岗位工作的人员是核心涉密人员，在重要涉密岗位工作的人员是重要涉密人员，在一般涉密岗位工作的人员是一般涉密人员。二是机关、单位需对拟任用、聘用到涉密岗位工作的人员进行上岗前保密审查，确认其是否具备在涉密岗位工作的条件和能力；未通过保密审查的人员不得任用、聘用到涉密岗位工作，不得漏审少审、先用后审。

保密审查应当根据岗位重要程度，涉密岗位等级及行业、领域特点确定具体内容。一般包括：政治素质方面，应当政治立场坚定，坚决执行党的路线、方针、政策，认真落实各项保密制度；品行方面，应当品行端正，忠诚可靠，作风正派，责任心强；工作能力方面，应当掌握保密业务知识和技能。

第二款明确涉密人员保密审查实施及相关部门、人员配合义务。一是明确保密审查主体。涉密人员保密审查由机关、单位组织人事部门按照人事行政隶属关系、干部管理权限等组织实施。二是明确保密审查协助职责。确需公安、国家安全机关等协助开展特定事项保密审查的，机关、单位可以向公安、国家安全机关等提出协助审查申请，由公安、国家安全机关等予以协助。三是明确保密审查配合义务。接受保密审查时，被审查人员有提供真实、完整个人信息的义务；特定情况下，需要被审查人员原工作、学习单位以及居住地有关部门和人员协助的，相关单位、部门和人员有配合义务。

第三款明确涉密人员复审的基本要求。复审由机关、单位组织人事部门按照涉密人员定期保密审查要求组织实施。原则上，核心涉密人员每年复审1次，重要涉密人员每2年复审1次，一般涉密人员每3年复审1次。涉密人员发生岗位变动、涉密等级变化的，应当及时按照有关要求进行复审。机关、单位复审发现涉密人员不适宜继续在涉密岗位工作的，应当及时将其调离涉密岗位。

第五十一条 涉密人员应当遵守保密法律法规和本机关、本单位保密制度，严格遵守保密纪律、履行保密承诺，接受保密管理，不得以任何方式泄露国家秘密。

【释义】 本条是关于涉密人员保密义务的规定，是对保密法第四十三条第三款的进一步细化。

涉密人员保密义务是特定保密法律义务的具体化。涉密人员作为国家秘密的法定知悉者、管理者和密切接触者、使用者，与普通公民相比，承担更多保密责任和义务。其保密义务来源包括宪法、保密法等国家法律法规，保密行政管理部门出台的规章、规范性文件，机关、单位内部管理规定，合同约定的条款内容等。

涉密人员应当模范遵守保密法律法规和本机关、本单位保密制度，认真学习掌握保密知识技能，自觉接受保密教育和监督管理，切实履行保密承诺，不得以任何方式泄露国家秘密，发现国家秘密已经泄露或者可能泄露时，应当立即采取补救措施并及时报告有关机关、单位。

> **第五十二条** 机关、单位组织人事部门会同保密工作机构负责涉密人员保密管理工作。机关、单位保密工作机构应当对涉密人员履行保密责任情况开展经常性的监督检查，会同组织人事部门加强保密教育培训。
>
> 涉密人员出境，由机关、单位组织人事部门和保密工作机构提出意见，按照人事、外事审批权限审批。涉密人员出境应当经过保密教育培训，及时报告在境外相关情况。

【释义】 本条是关于机关、单位涉密人员管理职责和涉密人员出境管理的规定，是对保密法第四十四条、第四十五条的进一步细化。

第一款规定机关、单位涉密人员管理职责，重点明确机关、单位组织人事部门和保密工作机构的分工配合。机关、单位组织人事部门会同保密工作机构，按照人事行政隶属关系、干部管理权限负责涉密人员保密管理工作。上级机关、单位管理的涉密人员，所在机关、单位可以接受上级委托承担具体保密管理工作，上级机关、单位应当加强指导和监督。

机关、单位保密工作机构应当对涉密人员履行保密责任情况开展经常性监督检查，包括参加保密教育培训、遵守保密规定等情况。机关、单位组织人事部门应当将涉密人员履行保密责任情况作为考察考核、职务职级晋升和职称评审的重要参考。机关、单位保密工作机构应当会同组织人事部门定期对本机关、本单位涉密人员进行保密教育培训，确保涉密人员每年接受不少于4个学时的保密教育培训。

第二款规定涉密人员出境管理制度。涉密人员出境应当进行审批：因公出境，由机关、单位组织人事部门和保密工作机构提出意见，按照人事行政隶属关系、干部管理权限和外事审批权限审批。因私出境，由个人提出申请，经涉密人员所在部门初审，本机关、本单位保密工作机构提出审查意见，报组织人事部门审批。涉密人员出境可能对国家安全造成危害或者对国家利益造成重大损失的，机关、单位不得批准。

涉密人员出境前，机关、单位组织人事部门或者外事管理部门应当对其进行行前保密教育，必要时保密工作机构予以配合。涉密人员在境外遇滋扰、策反等情况的，应当按照外事管理有关规定处理，及时向我国驻当地外交机构报告，同时向国内派出机构和国家安全机关报告。

第五十三条 涉密人员离岗离职应当遵守有关法律法规规定；离岗离职前，应当接受保密提醒谈话，签订离岗离职保密承诺书。机关、单位应当开展保密教育提醒，清退国家秘密载体、涉密设备，取消涉密信息系统访问权限，确定脱密期期限。涉密人员在脱密期内就业、出境应当遵守国家保密规定。涉密人员不得利用知悉的国家秘密为有关组织、个人提供服务或者谋取利益。

【释义】 本条是关于涉密人员离岗离职管理的规定，是对保密法第四十六条的进一步细化。

涉密人员离岗离职应当按照国家保密规定，经本机关、本单位组织人事部门会同保密工作机构审核同意，按照人事行政隶属关系、干部管理权限审批。"离岗",是指涉密人员离开涉密工作岗位,仍在本机关、本单位工作的情形。"离职",是指涉密人员辞职、辞退、解聘、调离、退休等离开本机关、本单位的情形。

机关、单位应当在涉密人员离岗离职前履行以下管理职责:一是进行保密教育提醒,签订保密承诺书。机关、单位应当在涉密人员离岗离职前完成保密提醒谈话,与其签订保密承诺书,明确其离岗离职后应当履行的保密义务以及违反承诺应当承担的法律责任。提醒谈话未完成的,机关、单位不得办理离岗离职手续。二是督促清退国家秘密载体、涉密设备。涉密人员离岗离职前,所在部门应当严格核查、督促涉密人员清退所持有和使用的国家秘密载体和涉密设备,包括涉密纸质载体、光盘、存储设备、计算机等,取消其涉密信息系统账户访问权限和涉密场所出入权限。机关、单位组织人事部门应当对清退情况进行核查,未完成清退及登记的,不得办理离岗离职手续。三是确定脱密期期限。涉密人员脱密期自批准涉密人员离岗离职之日起计算,核心涉密人员脱密期不少于3年,重要涉密人员脱密期不少于2年,一般涉密人员脱密期不少于1年。机关、单位可以依据国家有关法律法规,结合本机关、本单位实际和涉密人员所接触、知悉、使用的国家秘密密级、知悉范围、保密期限等具体情况,确定脱密期期限。

涉密人员离岗离职后应当接受脱密期管理:一是脱密期内,应当遵守择业、保密、出境和报告等管理要求。不得违反保密规定就业,或者提供劳务、咨询等服务;不得利用知悉的国家秘密为有关组织、个人提供服务或者谋取利益;未经批准不得擅自出境;不得在发布信息或者接受采访时涉及所知悉的国家秘密;应当定期向原机关、单位报告本人有关情况。二是脱密期满，应当对所知悉的国家秘密继续履行保密义务。

第五十四条 涉密人员擅自离职或者脱密期内严重违反国家保密规定的，机关、单位应当及时报告同级保密行政管理部门，由保密行政管理部门会同有关部门依法采取处置措施。

【释义】 本条是关于对涉密人员擅自离职或者脱密期内严重违反国家保密规定进行报告处置的规定，是对保密法第四十六条的进一步细化。

涉密人员未经批准擅自离职，或者脱密期内违反择业、出境、报告等管理要求，情节严重的，机关、单位应当及时报告同级保密行政管理部门，由保密行政管理部门会同有关部门根据情节轻重、危害后果等情况，依法依规实施提醒教育、出境管控等处置措施。

机关、单位对上述人员采取其他处理措施的，应当按照国家有关规定执行。

第五十五条 机关、单位应当建立健全涉密人员权益保障制度，按照国家有关规定给予因履行保密义务导致合法权益受到影响和限制的人员相应待遇或者补偿。

【释义】 本条是关于涉密人员权益保障的规定，是对保密法第四十三条第四款的进一步细化。

涉密人员由于工作岗位的特殊性，合法权益有可能受到影响或者限制，如在就业、出境、学术成果发表等方面可能受到约束、限制，甚至影响正常生活，应当给予相应待遇或者补偿。机关、单位应当履行主体责任，在职权范围内建立健全权责利相统一的管理体系和制度机制，充分保障涉密人员各项合法权益。涉密人员的权益保障主要包括以下方式：一是表彰和奖励，如机关、单位在人事行政管理权限范围内专门表彰奖励，保密系统对先进集体、先进工作者和劳动模范表彰奖励。二是经济补偿，如在绩效工资分配、工资总额和工资结构中对涉密人员给予倾斜。三是机关、单位应当充分考虑涉密人员研究成果不能公开发表等权益受到影响和限制的情况，在职称评聘、评优评先、晋升提拔等方面采取倾斜或者保护措施，激励涉密人员献身保密事业，多做奉献。

第四章 监督管理

本章共 11 条,主要规定保密工作报告制度和保密行政管理部门制定保密标准、保密检查、案件调查处理、国家秘密和情报鉴定、监测预警、协调配合等职责。

第五十六条 机关、单位应当向同级保密行政管理部门报送本机关、本单位年度保密工作情况。下级保密行政管理部门应当向上级保密行政管理部门报送本行政区域年度保密工作情况。

【释义】 本条是关于保密工作报告制度的规定。

实行保密工作报告制度,是强化保密行政管理部门监督管理职责的重要措施,有利于保密行政管理部门了解掌握保密工作开展情况,及时进行督促指导。保密工作报告制度,包括机关、单位保密工作情况报告和保密行政管理部门系统工作报告两个方面的制度。

一是规定机关、单位向同级保密行政管理部门报告工作。机关、单位应当履行报告保密工作的责任,按要求向同级保密行政管理部门报告本机关、本单位年度保密工作情况。"同级保密行政管理部门",是指对其保密工作直接实施监督管理的保密行政管理部门。报告主要内容包括:党中央关于保密工作决策部署落实、保密工作责任制落实、保密制度建设执行、定密管理、涉密人员管理、网络保密管理、保密自查自评等情况。机关、单位报告保密工作情况的具体时间、内容和要求等由接受其工作报告的保密行政管理部门确定。

二是规定下级向上级保密行政管理部门报告工作。下级保密行政管理部门应当履行向上级保密行政管理部门报告工作的责任。报告主要内容包括：本行政区域贯彻落实党中央关于保密工作决策部署、保密法治建设、保密宣传教育、保密检查、保密技术防护、保密违法案件调查处理和保密行政管理部门自身建设等情况。下级保密行政管理部门报告工作的具体时间、内容和要求等由接受其工作报告的保密行政管理部门确定。

第五十七条 国家建立和完善保密标准体系。国家保密行政管理部门依照法律、行政法规的规定制定国家保密标准；相关学会、协会等社会团体可以制定团体标准；相关企业可以制定企业标准。

【释义】 本条是关于保密标准体系的规定，明确国家要建立和完善保密标准体系，是对保密法第四十八条的进一步细化。

保密标准体系包括国家保密标准、保密团体标准和保密企业标准等，国家保密标准是强制性标准，保密团体标准和保密企业标准不得与国家保密标准相抵触。

国家保密标准是指导和规范保密技术防护与检查监管等工作的重要依据，由国家保密行政管理部门根据法律、行政法规，在权限范围内制定。国家保密标准在国家秘密产生、存储、处理、传输和销毁的全过程中都应当严格执行，适用于全国各行业、各领域对国家秘密的保护工作。这里的"法律、行政法规"，不仅包括保密法及其实施条例等保密法律法规，还包括标准化相关法律、行政法规。截至目前，国家保密局已依照有关法律法规，单独或者会同有关部门制定一系列国家保密标准，基本形成了科学完备、运行有效的保密标准体系。

保密团体标准是由学会、协会等社会团体自主制定的标准，可由本团体成员约定采用或者按照本团体的规定供社会自愿采用。实施条例明确社会团体可以制定保密团体标准，有利于激发其制定标准、运用标准的积极性和主动性，快速响应创新和市场对标准的需求，增加标准的有效供给。同时，相关企业可以根据生产和经营需要制定保密企业标准，但不得低于强制性国家标准的相关技术要求。

> **第五十八条** 机关、单位应当对遵守保密法律法规和相关制度情况开展自查自评。保密行政管理部门依法对下列情况进行检查：
>
> （一）保密工作责任制落实情况；
>
> （二）保密制度建设情况；
>
> （三）保密宣传教育培训情况；
>
> （四）涉密人员保密管理情况；
>
> （五）国家秘密确定、变更、解除情况；
>
> （六）国家秘密载体管理情况；
>
> （七）信息系统和信息设备保密管理情况；

> （八）互联网使用保密管理情况；
>
> （九）涉密场所及保密要害部门、部位管理情况；
>
> （十）采购涉及国家秘密的工程、货物、服务，或者委托企业事业单位从事涉密业务管理情况；
>
> （十一）涉及国家秘密会议、活动管理情况；
>
> （十二）信息公开保密审查情况；
>
> （十三）其他遵守保密法律法规和相关制度的情况。

【释义】 本条是关于保密检查内容的规定，是对保密法第七条、第八条和第四十九条的进一步细化。

保密自查自评是机关、单位对其内部保密管理开展的自我检查，有利于及时发现隐患、堵塞漏洞，落实保密法律法规和有关保密制度要求。保密检查是保密法赋予保密行政管理部门的一项法定职责，是确保党和国家保密工作方针政策、保密法律法规和规章制度得以贯彻落实的重要手段，在保密管理体系中具有重要地位和作用。本条以列举形式明确保密检查的13项主要内容：

第一项，保密工作责任制落实情况。主要包括：党委（党组）对保密工作领导情况，党政领导干部保密工作责任制、保密工作岗位责任制、定密责任制、保密要害部门部位负责人及工作人员责任制、涉密信息系统管理和维护人员责任制等落实情况。

第二项，保密制度建设情况。主要包括：是否依据有关保密法律、法规、规章以及文件精神，结合业务工作实际，建立健全保密制度体系，并根据保密形势和情况变化及时修订完善，确保制度的针对性、实效性。如，是否建立国家秘密确定、变更和解除制度，国家秘密载体管理制度，信息系统和信息设备保密管理制度，信息公开保密审查制度，数据保密管理制度，涉密会议、活动保密管理制度，涉密采购和委托涉密业务保密管理制度，保密要害部门、部位保密管理制度，涉密人员保密教育和管理制度，泄密案件报告制度，保密工作责任制考核制度等。

第三项，保密宣传教育培训情况。主要包括：是否制订保密宣传教育培训计划；是否根据形势任务需要，以党和国家保密工作优良传统、保密工作形势任务、保密法律法规、保密知识技能等为基本内容，定期对领导干部、涉密人员和其他工作人员组织开展形式多样的保密宣传教育培训活动；是否及时组织传达学习有关保密法规、工作文件和保密违法案例通报等。

第四项，涉密人员保密管理情况。主要包括：是否准确确定涉密岗位和涉密人员的涉密等级，是否开展上岗前审查和培训，是否将在岗保密教育培训纳入涉密人员日常管理体系，是否按照管理权限审批出境，是否及时报告发生泄密或者造成重大泄密隐患的重大事项，是否有效督促离岗离职涉密人员及时清退持有的全部国家秘密载体和涉密设备，是否严格落实脱密期管理要求，以及是否对借调、挂职、返聘、劳务派遣等人员加强保密管理等。

第五项，国家秘密确定、变更、解除情况。主要包括：是否按照定密权限以及授权范围进行定密，是否依法指定定密责任人并报同级保密行政管理部门备案，定密程序是否规范并作出书面记录，是否针对不同的载体形式规范标注国家秘密标志，是否根据情况变化及时对国家秘密的密级、保密期限和知悉范围进行变更，是否每年审核所确定的国家秘密等。

第六项，国家秘密载体管理情况。主要包括：国家秘密载体制作时是否标明密级和保密期限并注明发放范围、制作数量及编号，收发时是否履行清点、登记、编号、签收等手续，是否通过机要交通或者机要通信传递，复制时是否加盖复印戳记并视同原件管理，使用时知悉人员范围是否符合规定，保存的场所、设施设备是否符合要求，是否加强对参与维修的外单位人员或者送外维修的保密管理，承销单位或者自行销毁设备是否符合要求等；密品的定密、登记、参观、研制、生产、试验、运输、包装、押运、使用、保管、维修、销毁，以及密品的零件、部件、组件管理等是否符合保密管理规定。

第七项，信息系统和信息设备保密管理情况。主要包括：涉密信息系统规划、设计、建设、运行、维护是否选择具有保密资质的单位承担；涉密信息系统投入使用前是否经过检测评估和审查合格；是否建立涉密计算机和移动存储介质登记台账并及时更新；是否存在涉密计算机中安装使用具有无线互联功能的模块和外围设备，涉密信息系统或者信息设备违规接入互联网及其他公共信息网络，非涉密网络存储、处理、传输国家秘密信息，涉密信息设备与非涉密信息设备之间在未采取防护措施的情况下交叉使用移动存储介质等违法行为。

第八项，互联网使用保密管理情况。主要包括：是否违规在连接互联网的计算机存储、处理国家秘密信息，是否存在通过互联网门户网站、互联网邮箱、即时通信工具、网盘以及公共云服务平台等存储、处理、传输国家秘密信息等违法行为。

第九项，涉密场所及保密要害部门、部位管理情况。主要包括：是否准确确定保密要害部门、部位，是否严格人员进出管理，是否配备必要的保密技术防护设施、设备，是否对涉密信息设备在使用前进行保密技术检查检测，是否禁止使用无线设备，是否严格审批具有录音、录像、拍照、信息存储等功能的设备进入等。

第十项，采购涉及国家秘密的工程、货物、服务，或者委托企业事业单位从事涉密业务管理情况。主要包括：涉密采购是否准确确定密级，涉及国家秘密的货物、服务的供应商是否具备相应保密资质或者保密条件，涉密工程的建设、设计、施工、监理等单位是否在各自职责范围内承担保密管理责任，机关、单位是否与委托从事涉密业务的企业事业单位签订保密协议并实施全过程保密管理等。

第十一项，涉及国家秘密会议、活动管理情况。主要包括：是否针对涉密会议、活动的具体情况及时制定保密工作方案，是否明确参加涉密会议、活动人员范围并进行核实，是否选择符合保密要求的地点和场所，是否对涉密文件、资料加强管理，是否安装部署必要的保密技术防护设备，是否对涉密会议、活动采访报道加强保密审查，是否在涉密会议、活动举办期间及结束撤离后进行安全保密巡查、检查等。

第十二项，信息公开保密审查情况。主要包括：是否建立信息公开保密审查机制、明确审查机构、落实审查职责，是否建立审查记录、规范审查程序，是否建立网站信息发布制度，是否定期开展信息发布保密检查、及时发现和消除泄密隐患等。

此外，第十三项还规定兜底条款，明确应当对其他遵守保密法律法规和相关制度的情况进行检查。

> **第五十九条** 保密行政管理部门依法开展保密检查和案件调查处理，查阅有关材料、询问人员、记录情况，对有关设施、设备、文件资料等登记保存，进行保密技术检测，应当遵守国家有关规定和程序。
>
> 有关机关、单位和个人应当配合保密行政管理部门依法履行职责，如实反映情况，提供必要资料，不得弄虚作假，隐匿、销毁证据，或者以其他方式逃避、妨碍保密监督管理。
>
> 保密行政管理部门实施保密检查后，应当出具检查意见，对需要整改的，应当明确整改内容和期限，并在一定范围内通报检查结果。

【释义】 本条是关于规范保密行政管理部门履行保密检查和案件调查处理职责以及机关、单位和个人配合义务的规定，是对保密法第四十九条、第五十一条和第五十二条的进一步细化。

规范保密检查和案件调查处理行为，是保密依法行政的要求，是确保保密检查、案件调查处理工作规范、统一、权威的客观需要。明确受检机关、单位和个人配合的义务，有利于保密检查和案件调查处理的顺利实施，以实现预期目的和效果。本条对保密检查和案件调查处理的具体方式，登记保存，保密技术检测，检查意见反馈以及机关、单位和个人配合等重点环节作出规定。

第一款明确保密行政管理部门开展保密检查、案件调查处理的权限范围和方式。保密行政管理部门在保密检查、案件调查处理过程中，可以依法采取查阅资料、询问人员、记录情况等方式进行检查、调查，对有关设施、设备、文件资料等依法采取登记保存等处置措施；也可以进行保密技术检测，核验涉密信息系统、信息设备和安全保密产品等的安全保密性能，或者利用技术手段对有关电子证据进行提取和确认。其中，"记录情况"，是指保密行政管理部门通过文字、音像等记录形式，对保密检查和案件调查处理行为的启动、取证、决定、执行等过程进行记录，并归档保存。"登记保存"，是指保密检查和案件调查时，对存储、处理国家秘密信息的非涉密信息设备，或者对存有涉密文件、资料且违规连接互联网或者其他公共信息网络的涉密信息设备，以及其他应当依法登记保存的物品，进行封存保管作进一步核查的处置方式。保密行政管理部门应当严格履行法定程序，及时书面告知相关机关、单位泄密隐患的具体情况、登记保存的法律依据、登记保存的物品等。

第二款明确机关、单位和个人的配合义务。组织开展保密检查和案件调查处理是保密行政管理部门的法定职责，配合保密行政管理部门检查和调查处理是机关、单位和个人的法定义务。机关、单位和个人都有义务采取有效措施，对保密行政管理部门依法履职行为予以积极配合，不得拒绝或者阻碍检查、调查人员依法履行职责。"配合"，是指机关、单位和个人应当如实提供保密工作开展情况，为保密行政管理部门开展检查和调查处理提供必要资料和人员协助、设备支持、工作场所等必要条件，不得弄虚作假，隐匿、销毁证据，或者以其他方式逃避、妨碍保密监督管理。

第三款明确实施保密检查后应当出具检查意见。反馈检查意见是实施保密检查的保密行政管理部门应当履行的责任。反馈检查意见主要包括以下几个方面：一是基本情况。主要是检查的部门、设备等的数量，以及对受检机关、单位保密管理情况的简要评价。二是存在问题。详细列出存在问题，包括具体情节、责任人姓名和所在岗位。三是整改意见。应当针对发现的问题，向受检机关、单位提出改进保密工作的具体意见。对存在泄密隐患的受检机关、单位，应当明确整改内容、措施和时限，如有违反保密法律法规的，应当组织受检机关、单位进行调查处理，情节严重的，应当立案查处。受检机关、单位应当按照保密行政管理部门的反馈意见，认真落实并书面报告整改情况和对违反保密法律法规有关责任人员的处理意见。对检查中发现存在严重泄密隐患或者发生泄密案件的受检机关、单位，保密行政管理部门可以适时组织复查，检查整改落实情况，并在复查结束后，向受检机关、单位出具复查意见。对已落实整改要求的受检机关、单位，保密行政管理部门应当作出整改结论；对采取责令停止使用或者登记保存等处置措施的，应当作出是否取消相关处置措施的决定；对未落实整改要求的，应当提出处理意见和进一步整改要求。受检机关、单位对检查意见、复查意见有异议的，可以书面向组织检查的保密行政管理部门提出。保密行政管理部门应当在接到异议报告后，对有关情况进行调查，并向受检机关、单位出具处理意见。

第六十条 保密行政管理部门对涉嫌保密违法的线索和案件，应当依法及时调查处理或者组织、督促有关机关、单位调查处理；发现需要采取补救措施的，应当立即责令有关机关、单位和人员停止违法行为，采取有效补救措施。调查工作结束后，有违反保密法律法规的事实，需要追究责任的，保密行政管理部门应当依法作出行政处罚决定或者提出处理建议；涉嫌犯罪的，应当

> 依法移送监察机关、司法机关处理。有关机关、单位应当及时将处理结果书面告知同级保密行政管理部门。

【释义】 本条是关于保密行政管理部门对涉嫌保密违法的线索和案件调查处理以及组织、督促有关机关、单位调查处理职责的规定，是对保密法第五十一条、第五十二条的进一步细化。

保密行政管理部门调查处理或者组织、督促有关机关、单位调查处理涉嫌保密违法的线索和案件的工作，分为以下4个阶段：

第一，立案阶段。保密行政管理部门对公民举报、机关和单位报告、保密检查发现、有关部门移送的涉嫌保密违法的线索和案件，应当立即进行初步审查，核实有关案件线索是否属实，为立案与否提供依据。初步审查后，应当区别不同情况作出处理：一是有关案件线索失实或者证据缺失的，应当向案件线索来源单位、个人说明情况或者要求其补充证据；二是有违反保密法律法规的事实，但情节轻微，根据有关规定不需追究责任的，应当建议有关主管部门作出处理；三是确有违反保密法律法规所列情形及事实，需要追究责任的，应予立案。对经初步审查符合立案条件的案件线索，保密行政管理部门应当将其作为保密违法案件进行调查或者组织、督促有关机关、单位调查处理。决定立案的保密违法案件应当符合下列条件：一是属于本部门管辖范围；二是经初步甄别核实，确有保密违法事实；三是依照有关保密法律法规规定，应当追究法律责任。对符合立案条件，但不属于本部门管辖范围的保密违法案件，应当立即移交具有管辖权的保密行政管理部门或者监察、公安、国家安全机关处理。

第二，调查阶段。保密行政管理部门对决定立案的案件应当及时进行调查。保密行政管理部门可以直接调查，也可以组织、督促、指导有关机关、单位调查处理。在调查环节，主要完成3个方面的工作：一是查明违法过程和事实，确定责任人，固定落实相关证据。知悉案件情况的组织和个人都有提供证据的义务。二是根据需要组织开展保密技术核查取证，核实涉案信息是否涉密及其密级，进行危害评估。三是采取补救措施。被调查对象所在机关、单位应当积极支持和配合做好调查处理工作。保密行政管理部门组织、督促有关机关、单位调查处理的，应当及时掌握案件查处进展，协助做好相关调查，督促对责任人员作出处理，并指导和监督落实整改方案。"采取补救措施"，是指机关、单位发现国家秘密已经泄露或者可能泄露时，为避免或者减轻泄密危害后果而采取的适当措施。补救措施应当在泄密情况初步查明时就立即实施，以最大限度地减少损失。一是控制知悉范围，使其不再进一步扩大。二是对不应知悉但事实上已经知悉的人员进行保密提醒，宣传保密法律法规、政策和纪律，要求其履行保密义务。无法实施上述补救措施的，应当对可能引发的问题作出妥善处理。

第三，处理阶段。"处理"，是指在查清违反保密法律法规事实的基础上，根据违法行为的性质和情节，对责任主体依法给予行政处罚、处分或者移送有关机关处理。同时，对发生保密违法案件的机关、单位采取加强和改进保密工作的措施。具体而言，主要包括作出行政处罚决定、人员处理和单位保密整改3个方面。在行政处罚方面，保密行政管理部门依照行政处罚法等有关法律法规，以事实为依据，作出与违法行为的事实、性质、情节以及危害程度相当的行政处罚决定。在人员处理方面,应当根据调查情况,对有关责任人员采取不同的处理措施:对经调查认为涉嫌构成《中华人民共和国刑法》(以下简称刑法)规定的侵害国家秘密犯罪的,应当根据管辖权限移送监察机关、司法机关进行处理;对经调查认为尚未构成犯罪,但需追究党纪政务责任的,应当移送具有处分决定权的有关机关、单位处理,机关、单位对违反保密法律法规的人员拟进行处理的情况,应当及时书面告知同级保密行政管理部门;对拒不依法给予处分的,保密行政管理部门应当建议纠正,对拒不纠正的,可以提请其上级机关或者同级纪检监察机关对该机关、单位负有责任的领导人员和直接责任人员依法予以处理。在单位保密整改方面,保密行政管理部门和有关机关、单位在案件调查中发现涉案单位存在严重泄密隐患的,可以要求涉案单位立即采取整改措施。在对涉案单位进行整改过程中,保密行政管理部门应当严格整改标准、细化整改措施,列出整改清单、规定完成时限,对暴露的问题和漏洞提出针对性解决方案,确保整改措施落实到位。

第四,结案阶段。保密行政管理部门对符合结案条件的案件,应当依法结案,按照有关规定建立案件档案。查结涉嫌保密违法案件应当符合3个条件:一是已经查明违法事实和责任人,掌握相关证据;二是已经采取补救和整改措施;三是已经依法作出行政处罚决定,追究有关人员责任或者已经将案件移送监察机关、司法机关。案件查结后,有关机关、单位应当及时将处理结果书面告知同级保密行政管理部门。

> **第六十一条** 机关、单位发现国家秘密已经泄露或者可能泄露的，应当立即采取补救措施，并在24小时内向同级保密行政管理部门和上级主管部门报告。
>
> 地方各级保密行政管理部门接到泄密报告的，应当在24小时内逐级报至国家保密行政管理部门。
>
> 保密行政管理部门依法受理公民对涉嫌保密违法线索的举报，并保护举报人的合法权益。

【释义】 本条是关于机关、单位泄露或者可能泄露国家秘密时采取补救措施并及时报告，以及保密行政管理部门保护公民举报权利的规定，是对保密法第四十七条的进一步细化。

第一款规定机关、单位发现国家秘密已经泄露或者可能泄露时应当立即采取补救措施并及时报告的义务。国家秘密"已经泄露"，是指国家秘密被不应知悉者知悉；"可能泄露"，是指使国家秘密超出限定的接触范围，但不能证明未被不应知悉者知悉，如国家秘密载体丢失后下落不明。"上级主管部门"，是指比机关、单位高一层级的有直接管理权限的机关或者部门。报告内容应当包括：被泄露国家秘密的内容、密级、数量及其载体形式，泄密责任人基本情况，泄密案件发生时间、地点及经过，泄密案件造成或者可能造成的危害，已采取或者拟采取的补救措施等。同级保密行政管理部门和上级主管部门接到报告后，应当按照职责分工，依法作出处理。报告的时限要求为24小时，即从发现国家秘密已经泄露或者可能泄露之时起，不得超过24小时。

第二款规定地方各级保密行政管理部门接到泄密报告的上报时

限和要求。一是下级保密行政管理部门要逐级向上级保密行政管理部门报告泄密情况;二是地方各级保密行政管理部门报送泄密案件情况要及时,即从接到泄密报告到报送至国家保密行政管理部门的时限为24小时。该规定有利于各级保密行政管理部门尽早掌握泄密案件情况,及时采取应急处置措施,开展案件的调查、督办和处理工作;有利于各级保密行政管理部门全面掌握和了解本地区乃至全国泄密案件发生的数量和种类,综合分析泄密案件发生的特点和规律,提出进一步强化保密防范和加强保密管理的对策、建议和措施。

第三款规定保护公民举报涉嫌保密违法线索的义务。举报涉嫌保密违法线索是保密行政管理部门受理案件线索的重要来源,是我国社会主义法治体系赋予公民的基本权利和义务。根据宪法第四十一条规定,公民"对于任何国家机关和国家工作人员的违法失职行为,有向有关国家机关提出申诉、控告或者检举的权利";根据宪法第五十三条规定,公民有保守国家秘密的义务。鉴于此,对保密违法线索的举报是公民的一项基本权利和义务,对于保守国家秘密、维护国家安全和利益意义重大。目前,国家保密行政管理部门已设立"12336"保密违法和泄密举报电话、网络举报平台,为公民举报涉嫌保密违法线索提供便利。

第六十二条 保密行政管理部门收缴非法获取、持有的国家秘密载体,应当进行登记并出具清单,查清密级、数量、来源、扩散范围等,并采取相应的保密措施。

保密行政管理部门可以提请公安、市场监督管理等有关部门协助收缴非法获取、持有的国家秘密载体,有关部门应当予以配合。

【释义】 本条是关于规范保密行政管理部门收缴国家秘密载体行为和明确有关部门配合义务的规定，是对保密法第五十二条第二款的进一步细化。

非法获取、持有国家秘密载体主要包括：不属于国家秘密知悉范围内的人员，通过窃取、骗取、抢夺、购买等非正当途径和手段，获取并留存国家秘密载体；知悉范围内的人员，未经批准接触、使用和留存国家秘密载体，经提醒、催促拒不上交或者离岗离职后，未按有关规定及时清退等。非法获取、持有国家秘密载体是直接侵害国家秘密安全的行为。保密行政管理部门对非法获取、持有的国家秘密载体依法予以收缴，是为防止国家秘密载体进一步流失、失控而采取的强制性保护措施。

第一款明确保密行政管理部门在收缴过程中必须依法履行的程序和要求。一是要对收缴的国家秘密载体进行详细登记，包括国家秘密载体的名称、密级、数量、来源、持有人等。二是必须依法向当事人出具收缴清单。三是要及时开展相关调查工作，查清收缴的国家秘密载体密级、数量、来源、扩散范围等。四是要依法采取保密措施，对已经扩散的要采取补救措施，防止进一步扩散。

第二款明确公安、市场监督管理等有关部门协助配合保密行政管理部门进行收缴的法定义务。在收缴非法获取、持有的国家秘密载体时，可能需要公安、市场监督管理等有关部门依法定职权予以配合，开展联合执法。公安、市场监督管理等有关部门接到保密行政管理部门的请求后，应当予以配合，协助做好对非法获取、持有的国家秘密载体的收缴工作。

> **第六十三条** 办理涉嫌泄密案件的地方各级监察机关、司法机关申请国家秘密和情报鉴定的，向所在省、自治区、直辖市保密行政管理部门提出；办理涉嫌泄密案件的中央一级监察机关、司法机关申请国家秘密和情报鉴定的，向国家保密行政管理部门提出。
>
> 国家秘密和情报鉴定应当根据保密法律法规和保密事项范围等进行。保密行政管理部门受理鉴定申请后，应当自受理之日起30日内出具鉴定结论；不能按期出具的，经保密行政管理部门负责人批准，可以延长30日。专家咨询等时间不计入鉴定办理期限。

【释义】 本条是关于国家秘密和情报鉴定的规定，是对保密法第五十三条的进一步细化。

国家秘密鉴定，是保密行政管理部门对涉嫌泄露国家秘密案件中有关事项是否属于国家秘密以及属于何种密级进行鉴别和认定的活动。情报鉴定，是保密行政管理部门对我国刑法第一百一十一条规定的情报，即为境外机构、组织、人员窃取、刺探、收买、非法提供的，国家秘密之外的，关系国家安全和利益、尚未公开或者依照有关规定不应公开的事项进行鉴别和认定的活动。本条明确国家秘密和情报鉴定申请机关、鉴定主体、鉴定依据和时限等内容。

第一款明确国家秘密和情报鉴定的申请机关和鉴定主体。一是申请机关为"办理涉嫌泄密案件的各级监察机关、司法机关"，可以提出国家秘密和情报鉴定申请的机关，主要是指依法办理涉嫌泄密案件的监察、公安、国家安全、检察、审判机关。二是鉴定的主体为国家保密行政管理部门和省、自治区、直辖市保密行政管理部门，地级市（包括副省级城市）及以下保密行政管理部门不具备国家秘密和情报鉴定的职能。三是鉴定的申请和办理分层级进行，省级及以下办案机关申请国家秘密和情报鉴定的，向所在省、自治区、直辖市保密行政管理部门提出；中央一级办案机关申请国家秘密和情报鉴定的，向国家保密行政管理部门提出。需要指出的是，国家保密行政管理部门可以根据工作需要，对省、自治区、直辖市保密行政管理部门负责鉴定的重大、疑难、复杂事项直接进行鉴定。

第二款明确国家秘密和情报鉴定的依据和时限。一是鉴定依据为"保密法律法规和保密事项范围等"。这里的保密法律法规，包括保密法及其实施条例相关规定，如，关于国家秘密概念、基本范围、派生定密等相关内容；这里的保密事项范围，是指各行业、各领域国家秘密及其密级的具体范围的规定；此外，相关司法解释以及国家有关部门制定的规章、规范性文件中关于定密、解密等相关规定，也可以成为国家秘密和情报鉴定的依据。需要说明的是，国家秘密和情报鉴定的依据应当是鉴定材料泄露时适用的相关规定；鉴定材料泄露时间不明确的，应当以鉴定材料产生时适用的相关规定为依据；鉴定材料泄露时间和产生时间都不明确的，应当以鉴定材料被查获时适用的相关规定为依据。二是鉴定时限为30日内。通常情况下，保密行政管理部门应当在受理鉴定申请后30日内作出鉴定结论并出具国家秘密和情报鉴定书。特殊情况下，经受理鉴定申请的保密行政管理部门负责人批准，鉴定期限可以适当延长，但延长的期限最长不超过 30 日。实际工作中，特殊情况主要包括：鉴定事项特别重大、疑难、复杂的；鉴定材料数量较大的；鉴定材料涉及多个部门的；鉴定材料属于不明确事项或者有争议事项的；鉴定材料产生单位或者其业务主管部门不在本行政区域需要跨区域征求意见的；其他难以在 30 日内作出密级鉴定结论的情形。

此外，保密行政管理部门办理国家秘密和情报鉴定过程中，应当根据工作需要及时征求并充分听取有关机关、单位和专家意见。但考虑到机关、单位反馈鉴定意见和专家反馈咨询意见等时间不在保密行政管理部门掌控范围内，实施条例专门规定专家咨询等时间不计入鉴定办理期限。具体工作中，保密行政管理部门应当做好督促、提醒工作，推动机关、单位和有关专家在保密行政管理部门要求的时间范围内及时反馈意见。

第六十四条 设区的市级以上保密行政管理部门应当建立监测预警制度，分析研判保密工作有关情况，配备监测预警设施和相应工作力量，发现、识别、处置安全保密风险隐患，及时发出预警通报。

【释义】 本条是关于设区的市级以上保密行政管理部门开展监测预警的规定，是对保密法第五十五条的进一步细化。

"监测预警"，主要是指针对可能危害国家秘密安全的行为和风险进行持续监测，收集分析相关信息，发现和识别安全保密威胁、隐患，及时发出预警，消除安全保密风险隐患。

本条明确监测预警的责任主体、设施和工作力量配备及工作职责。一是明确监测预警的责任主体。设区的市级以上保密行政管理部门应当组织开展监测预警工作。二是明确监测预警的设施和工作力量配备。设区的市级以上保密行政管理部门应当建立监测预警制度，配备和使用监测预警设施，合理配置相应工作力量。三是明确监测预警的工作职责。设区的市级以上保密行政管理部门开展监测预警工作，应当收集保密工作各方面相关信息进行风险分析研判，以发现、识别、处置辖区内机关、单位的安全保密风险隐患，及时向本行政区域有关机关、单位发出预警信息，通报安全保密风险情况；机关、单位在收到预警信息后，应当及时采取保护国家秘密的处置或者整改措施，消除相关安全保密风险隐患，降低危害后果，并将处置情况反馈至同级保密行政管理部门。

第六十五条　保密行政管理部门和其他相关部门应当在保密工作中加强协调配合，及时通报情况。

【释义】本条是关于保密行政管理部门在保密工作中与相关部门加强协调配合的规定。

保密工作涉及领域广泛、管理对象多样、面临情况复杂，必须整合力量、共同发力。一是保密行政管理部门应当做好与纪检监察、宣传、网信、审判、检察、公安、国家安全、市场监督、海关、军队等相关部门的联动合作，在案件溯源核查、线索移送、情况通报、信息共享、常态化互联网泄密协同监管、风险评估和应急处置、人员处理等方面建立健全协作配合机制，有效实现保密常态化、规范化管理。二是通过多种形式加强与相关部门的信息交流。健全完善年度通报、典型案例通报等工作机制，及时通报相关情况，提出有关工作意见建议。

第六十六条　保密行政管理部门及其工作人员应当按照法定的职权和程序开展工作，做到严格规范公正文明执法，依法接受监督。

【释义】　本条是关于保密行政管理部门及其工作人员依法履行职责并接受监督的规定。

保密行政管理部门按照法定的职权和程序开展工作，是落实保密法"依法管理"原则的必然要求，也是推进保密行政管理部门依法行政，不断提升保密工作制度化、规范化、程序化水平的客观需要。

"保密行政管理部门及其工作人员应当按照法定的职权和程序开展工作，做到严格规范公正文明执法"，主要是指：一是保密行政管理部门应当严格按照法定职权，依法组织开展保密法治建设、保密宣传教育、保密检查、保密技术防护、保密违法案件调查处理工作，对保密工作进行指导和监督管理。二是保密行政管理部门工作人员应当严格履行法定程序，按照保密法及其实施条例、部门规章等规定的方式方法、工作时限、流程步骤等开展工作。三是在执法过程中，应当严格规范公正文明执法，在每一项执法活动、每一个执法环节中体现保密行政管理部门良好形象。

"依法接受监督"，是指保密行政管理部门及其工作人员的保密执法行为应当接受监督，既要自觉接受纪检监察机关等专责部门的监督，也要接受保密工作对象、执法对象等社会组织和个人的监督，严格落实行政执法责任制和责任追究制度，确保保密行政权力在法治轨道上运行。

第五章　法律责任

本章共 6 条，主要规定机关、单位泄密的法律责任，网络运营者、从事涉密业务的企业事业单位、安全保密产品和保密技术装备研制生产单位违法的法律责任，以及保密行政管理部门工作人员违法的法律责任等。

> 第六十七条　机关、单位违反保密法律法规发生泄密案件，有下列情形之一的，根据情节轻重，对直接负责的主管人员和其他直接责任人员依法给予处分；构成犯罪的，依法追究刑事责任：
> （一）未落实保密工作责任制的；
> （二）未依法确定、变更或者解除国家秘密的；
> （三）未按照要求对涉密场所以及保密要害部门、部位进行防护或者管理的；
> （四）涉密信息系统未按照规定进行测评审查而投入使用，经责令整改仍不改正的；
> （五）未经保密审查或者保密审查不严，公开国家秘密的；
> （六）委托不具备从事涉密业务条件的单位从事涉密业务的；
> （七）违反涉密人员保密管理规定的；
> （八）发生泄密案件未按照规定报告或者未及时采取补救措施的；

> （九）未依法履行涉密数据安全管理责任的；
>
> （十）其他违反保密法律法规的情形。
>
> 有前款情形尚不构成犯罪，且不适用处分的人员，由保密行政管理部门督促其主管部门予以处理。

【释义】 本条是关于机关、单位违反保密法律法规发生泄密案件应当承担法律责任的规定。

第一款采取列举的方式，明确机关、单位承担法律责任的保密违法情形。所列保密违法行为是机关、单位行为不当或者不作为导致泄密事件发生的最常见、最典型的情形，应当依法追究有关责任人员的法律责任。

"直接负责的主管人员"，是指负有直接领导责任的机关、单位负责人或者直接责任人所在部门的负责人。"直接责任人员"，是指直接实施违法、泄密行为的人员。根据公务员法、监察法、《中华人民共和国公职人员政务处分法》（以下简称公职人员政务处分法）、《行政机关公务员处分条例》、《事业单位工作人员处分规定》等法律法规规定，可以依法给予有关法律法规适用范围内的人员政务处分或者处分。符合监察法第十五条规定的人员，适用处分的种类包括警告、记过、记大过、降级、撤职、开除6种。事业单位中其他人员，适用处分的种类包括警告、记过、降低岗位等级、开除4种。对因违反保密工作职责受到政务处分或者处分的党政领导干部，在影响期内不得提拔使用。《中国共产党纪律处分条例》规定，党纪处分的种类包括警告、严重警告、撤销党内职务、留党察看、开除党籍5种。构成犯罪的，依法追究刑事责任，主要是指违反保密法规定，情节严重、符合刑事立案标准的，应当依法追究刑事责任。

第一项，未落实保密工作责任制的。主要是指违反实施条例第六条规定，未履行党政领导干部保密工作责任制、保密工作岗位责任制、定密责任制、保密要害部门部位负责人及工作人员责任制、涉密信息系统管理和维护人员责任制等情形。

第二项，未依法确定、变更或者解除国家秘密的。主要是指违反实施条例第二章有关规定，对应当定密的事项不定密、"高密低定"、不应当解密的事项解密，致使国家秘密失去保护或者未达到应有的保护级别。

第三项，未按照要求对涉密场所以及保密要害部门、部位进行防护或者管理的。主要是指违反实施条例第三十一条规定，未依法确定保密要害部门、部位，未依法严格人员进出管理，未依法配备必要的保密技术防护设施、设备，以及未严格审批具有录音、录像、拍照、信息存储等功能的设备进入等情形。

第四项，涉密信息系统未按照规定进行测评审查而投入使用，经责令整改仍不改正的。主要是指违反实施条例第三十三条规定，涉密信息系统未经检测评估、审查合格而投入使用，经责令整改仍不改正的情形。

第五项，未经保密审查或者保密审查不严，公开国家秘密的。主要是指违反实施条例第四十二条规定，在信息公开过程中，对拟公开的信息未进行保密审查或者保密审查不严，造成泄密的情形。

第六项，委托不具备从事涉密业务条件的单位从事涉密业务的。

主要是指违反实施条例第四十九条第二款规定，委托企业事业单位从事涉密业务，未核验其保密资质或者未核查其业务能力和保密管理能力的情形。

第七项，违反涉密人员保密管理规定的。主要是指违反实施条例第五十条、第五十二条、第五十三条、第五十四条规定，未落实涉密岗位和涉密人员确定、上岗前保密审查、教育培训、在岗保密管理、出境审批、脱密期管理等制度要求的情形。

第八项，发生泄密案件未按照规定报告或者未及时采取补救措施的。主要是指发生泄密案件，违反实施条例第六十一条规定，未立即采取补救措施并在24小时内向同级保密行政管理部门和上级主管部门报告的情形。

第九项，未依法履行涉密数据安全管理责任的。主要是指机关、单位违反实施条例第四十三条规定，未履行涉密数据安全保护责任，未对汇聚、关联后属于国家秘密事项的数据依法加强安全管理，未落实安全保密防控措施的情形。

此外，第十项还规定兜底条款，明确其他违反保密法律法规的情形的责任追究。

第二款规定对尚不构成犯罪，且不适用处分的人员的处理方式。"不适用处分的人员"，主要是指不属于组织人事和监察机关规定的可以给予处分范围的人员。不适用处分的人员存在违反保密法律法规行为的，由保密行政管理部门督促其所在机关、单位根据内部管理规定，或者合同约定的条款，给予教育、训诫、经济处罚和解聘等不同形式的处理。

> **第六十八条** 在保密检查或者保密违法案件调查处理中，有关机关、单位及其工作人员拒不配合，弄虚作假，隐匿、销毁证据，或者以其他方式逃避、妨碍保密检查或者保密违法案件调查处理的，对直接负责的主管人员和其他直接责任人员依法给予处分；不适用处分的人员，由保密行政管理部门督促其主管部门予以处理。
>
> 企业事业单位及其工作人员协助机关、单位逃避、妨碍保密检查或者保密违法案件调查处理的，由有关主管部门依法予以处罚。

【释义】 本条是关于逃避、妨碍保密检查或者保密违法案件调查处理行为应当承担法律责任的规定，是对保密法第五十一条的进一步细化。

第一款明确机关、单位有配合开展保密检查和保密违法案件调查处理的义务。

"拒不配合"，是指机关、单位或者个人不如实提供违反保密制度的情况，拒绝为保密行政管理部门开展保密检查或者保密违法案件调查处理提供人员协助、设备支持和工作场所等必要工作条件，对保密行政管理部门提出的工作意见和建议进行抵制或者拒不处理，不采取或者不认真落实整改措施等。

"弄虚作假"，是指机关、单位或者个人在保密检查或者保密违法案件调查处理中，通过各种方法掩盖、隐瞒事实真相以推脱责任的行为。如，伪造保密专题会议记录、国家秘密载体登记记录、信息设备台账、涉密人员教育培训记录、自查自评开展情况记录等。

"隐匿、销毁证据"，是指机关、单位或者个人在保密检查或者保密违法案件调查处理中故意灭失证据、妨碍证据显现、造成证据价值减少或者消失的行为。如，保密检查前，临时更换计算机或者硬盘、格式化硬盘、重装操作系统、删除或者篡改审计日志等。

"其他方式"，是指除以上方式外，机关、单位或者个人为逃避、妨碍保密检查或者保密违法案件调查处理实施的其他行为。对逃避、妨碍保密检查或者保密违法案件调查处理的，应当按照公务员法、监察法、《行政机关公务员处分条例》等有关规定，依法给予行政处分。

第二款明确企业事业单位及其工作人员协助被检查、被查处的机关、单位，逃避、妨碍保密检查或者保密违法案件调查处理行为所应当承担的法律责任。不论采取何种方式，为机关、单位逃避、妨碍保密检查或者保密违法案件调查处理创造条件、提供便利、给予帮助等均属于协助的内容，其妨碍国家机关工作人员依法执行公务，损害保密行政管理秩序，应当由企业事业单位及其工作人员的主管部门或者公安机关按照国家法律法规及有关规定，予以处罚。

第六十九条 网络运营者违反保密法律法规，有下列情形之一的，由保密行政管理等部门按照各自职责分工责令限期整改，给予警告或者通报批评；情节严重的，处5万元以上50万元以下罚款，对直接负责的主管人员和其他直接责任人员处1万元以上10万元以下罚款：

（一）发生泄密事件，未依法采取补救措施的；

（二）未依法配合保密行政管理部门实施保密违法案件调查、预警事件排查的。

【释义】 本条是关于网络运营者保密违法行为应当承担法律责任的规定，是对保密法第五十九条的进一步细化。

依照有关法律法规和职责分工，公安机关、国家安全机关、电信主管部门、保密行政管理部门对网络运营者分别负有相关监督管理职责。此条采取列举的方式，明确网络运营者违反保密法律法规的两种情形：一是"发生泄密事件，未依法采取补救措施的"，是指网络运营者未根据保密法第三十四条规定，履行对其用户发布信息的管理义务，发现利用互联网及其他公共信息网络发布的信息涉嫌泄露国家秘密的，未采取立即停止传输，保存有关记录，并向保密行政管理部门或者公安机关、国家安全机关报告的补救措施。二是"未依法配合保密行政管理部门实施保密违法案件调查、预警事件排查的"，是指：（1）未履行配合保密违法案件调查义务，主要包括未按照保密行政管理部门要求提供保密违法案件调查所需要的信息等，或者拒绝、阻碍保密行政管理部门开展调查等；（2）未履行配合预警事件排查义务，主要包括网络运营者未按照有关部门的要求，对日常运维的互联网及其他公共信息网络发布的信息进行管理，对发现涉嫌违反保密法律法规的苗头性、倾向性问题线索未及时向相关部门报告。

本条规定的网络运营者法律责任具体包括：（1）警告，是指保密行政管理等部门对网络运营者提出告诫，使其认识自身的保密违法行为，并明确如何改正的一种处罚种类。警告是行政处罚中最轻的一种，一般适用于较为轻微、对社会危害程度不大的保密违法行为，可以当场作出。（2）通报批评，是指保密行政管理等部门对网络运营者通过书面批评加以谴责和告诫，指出其保密违法行为，避免其再犯。(3)罚款，是指保密行政管理等部门强制违法者缴纳一定数额钱款的处罚方式。本条所称"情节严重"，主要包括网络运营者的违法行为造成较严重的危害后果，或者网络运营者具有妨碍、逃避、抗拒执法人员检查等情形。

> **第七十条** 用于保护国家秘密的安全保密产品和保密技术装备不符合国家保密规定和标准，有下列情形之一的，由保密行政管理等部门对研制生产单位给予警告或者通报批评，责令有关检测机构取消合格证书；有违法所得的，没收违法所得：
>
> （一）研制生产单位拒不整改或者整改后仍不符合国家保密规定和标准的；
>
> （二）安全保密产品和保密技术装备存在重大缺陷或者重大泄密隐患的；
>
> （三）造成国家秘密泄露的；
>
> （四）其他严重危害国家秘密安全的。

【释义】 本条是关于安全保密产品和保密技术装备研制生产单位违法应当承担法律责任的规定。

本条采取列举的方式，明确安全保密产品和保密技术装备研制生产单位违反实施条例第三十七条、第三十八条规定和其他严重危害国家秘密安全行为应当承担法律责任的情形。这些行为是导致安全保密产品和保密技术装备失效、保密技术防护体系受到破坏、国家秘密安全遭受严重威胁的典型行为，应当按照国家有关规定依法追究相关研制生产单位的法律责任。

本条规定的法律责任包括警告、通报批评、责令取消合格证书、没收违法所得。其中，"责令取消合格证书"，是指保密行政管理等部门依法要求有关检测机构取消保密违法行为人相关产品和装备的检测合格证书；"没收违法所得"，是指保密行政管理等部门依法将保密违法行为人非法获得的收益收归国有的一种行政处罚。针对实践中部分研制生产单位违反保密法律法规谋取不正当经济利益的情形，规定"有违法所得的，没收违法所得"，旨在提高违法成本，有效震慑保密违法行为。

第七十一条 从事涉密业务的企业事业单位违反保密法律法规及国家保密规定的，由保密行政管理部门责令限期整改，给予警告或者通报批评；有违法所得的，没收违法所得。

取得保密资质的企业事业单位，有下列情形之一的，并处暂停涉密业务、降低资质等级：

（一）超出保密资质业务种类范围承担其他需要取得保密资质业务的；

（二）未按照保密行政管理部门要求时限完成整改或者整改后仍不符合保密法律法规及国家保密规定的；

（三）其他违反保密法律法规及国家保密规定，存在重大泄密隐患的。

取得保密资质的企业事业单位，有下列情形之一的，并处吊销保密资质：

（一）变造、出卖、出租、出借保密资质证书的；

（二）将涉密业务转包给其他单位或者分包给无相应保密资质

单位的；

（三）发现国家秘密已经泄露或者可能泄露，未立即采取补救措施或者未按照规定时限报告的；

（四）拒绝、逃避、妨碍保密检查的；

（五）暂停涉密业务期间承接新的涉密业务的；

（六）暂停涉密业务期满仍不符合保密法律法规及国家保密规定的；

（七）发生重大泄密案件的；

（八）其他严重违反保密法律法规及国家保密规定行为的。

【释义】 本条是关于从事涉密业务的企业事业单位违法应当承担法律责任的具体规定，是对保密法第六十条的进一步细化。

本条规定的法律责任，包括责令限期整改、警告、通报批评、没收违法所得、暂停涉密业务、降低资质等级、吊销保密资质7种。（1）责令限期整改，是指保密行政管理部门依法要求保密违法行为人在一定期限内纠正保密违法行为。（2）暂停涉密业务，是指保密行政管理部门依法对违反保密管理秩序的资质单位暂时扣留保密资质证书，暂时剥夺资质单位从事相应涉密业务权利的行政处罚。（3）降低资质等级，是指保密行政管理部门依法对违反保密行政管理秩序的资质单位所取得的行政许可由较高等级降为较低等级的行政处罚。（4）吊销保密资质，是指保密行政管理部门依法对违反保密管理秩序的资质单位取消其所取得的保密资质证书，剥夺其从事相应涉密业务权利的行政处罚。关于警告、通报批评、没收违法所得，参见实施条例第六十九条、第七十条有关释义。

第一款规定对从事涉密业务的企业事业单位，包括实施条例第四十八条第一款规定的应当取得保密资质的企业事业单位，以及实施条例第四十八条第一款规定之外的其他从事涉密业务的企业事业单位，违反保密法律法规及国家保密规定，应当责令其限期整改，给予警告或者通报批评；有违法所得的，没收违法所得。

第二款采取列举方式，明确取得保密资质的企业事业单位应当受到暂停涉密业务、降低资质等级处罚的情形。这些保密违法行为情节较为严重，违反保密管理秩序，造成重大泄密隐患。保密资质单位在暂停涉密业务、降低资质等级期间，应当按照保密行政管理部门要求，严格落实整改，不得承接新的涉密业务，不得承接超出保密资质等级的涉密业务。暂停涉密业务期间，在确保安全保密的情况下，可以继续完成已承接的涉密业务。

第三款采取列举方式，明确取得保密资质的企业事业单位应当受到吊销保密资质处罚的情形。这些保密违法行为情节特别严重，侵害保密管理秩序，可能或者已经造成失泄密等危害国家安全的严重后果，已不再符合保密资质管理要求，不得再承担相应的涉密业务。

第七十二条 保密行政管理部门未依法履行职责，或者滥用职权、玩忽职守、徇私舞弊的，对直接负责的主管人员和其他直接责任人员依法给予处分；构成犯罪的，依法追究刑事责任。

【释义】本条是关于保密行政管理部门工作人员未依法履行职责所应承担法律责任的规定，是对保密法第六十一条、第六十二条的进一步细化。

公务员法第五十九条、第一百零八条明确规定，公务员应当遵纪守法，不得滥用职权、玩忽职守、徇私舞弊，违者应当依法给予处分或者由监察机关依法给予政务处分；情节严重的，应当依照刑法第三百九十七条、第四百零二条有关规定，追究刑事责任。本条明确保密行政管理部门工作人员不依法履行保密管理职责的责任，体现了权责统一的原则，有利于加强对保密行政管理部门工作人员的监督和管理，有利于强化责任意识，加强自我约束，正确履行职责。

"未依法履行职责"，是指保密行政管理部门工作人员不负责任，不履行法律规定和其职务要求的监督管理职责，或者在履行职责中敷衍塞责、草率应付，不正确履行职责。主要包括两种情形：一是依照法律规定必须履行而未履行职责的不作为情形；二是不严格按照法律规定履行职责的情形。"滥用职权"，是指保密行政管理部门工作人员超越职权范围或者违背法律授权的宗旨、违反法律程序行使职权的行为。"玩忽职守"，是指保密行政管理部门工作人员严重不负责任，不履行或者不正确履行职责的行为。"徇私舞弊"，是指保密行政管理部门工作人员在履行职责过程中，利用职务便利，弄虚作假、徇私谋利的行为。

本条适用主体是各级保密行政管理部门中负有保密管理职责的人员，不包括各级机关、单位专兼职保密干部，且违法行为必须发生在履行保密管理职责过程中。"直接负责的主管人员"，是指负有直接领导责任的保密行政管理部门负责人或者直接负责人员所在部门的负责人。"直接责任人员"，是指未依法履行职责的人员或者直接发生滥用职权、玩忽职守、徇私舞弊行为的人员。责任人员违反本规定，应当根据公务员法、监察法、公职人员政务处分法、《行政机关公务员处分条例》《事业单位工作人员处分规定》等法律法规规定，依法给予有关法律法规适用范围内的人员政务处分或者处分。责任人员是中共党员的，还可以按照《中国共产党纪律处分条例》规定，对违反党纪的党员给予党纪处分。构成犯罪的，应当按照刑法的有关规定，依法追究刑事责任。

第六章　附　　则

本章共 2 条，主要规定工作秘密管理和实施条例施行日期。

第七十三条　中央国家机关应当结合工作实际制定本行业、本领域工作秘密事项具体范围，报国家保密行政管理部门备案。

机关、单位应当加强本机关、本单位工作秘密管理，采取技术防护、自监管等保护措施。违反有关规定造成工作秘密泄露，情节严重的，对直接负责的主管人员和其他直接责任人员依法给予处分。

【释义】　本条是关于工作秘密管理的规定，是对保密法第六十四条的进一步细化。

"工作秘密"，是指机关、单位在履行职能过程中产生或者获取的不属于国家秘密但泄露后会造成一定不利影响的事项。"工作秘密"这一概念在新中国成立初期，就已出现于部分文件之中。1952年《治安保卫委员会暂行组织条例》规定，治安保卫委员会委员必须"保守工作秘密"。1993年《国家公务员暂行条例》规定，国家公务员必须"保守国家秘密和工作秘密"。2018年公务员法明确规定公务员应当履行保守工作秘密的义务。

第一款是关于工作秘密事项具体范围的规定。中央国家机关在其职权范围内，指导、监督本系统工作秘密的管理工作。中央国家机关应当结合工作实际，研究制定本行业、本领域工作秘密事项具体范围，报国家保密行政管理部门备案。机关、单位应当根据行业、领域工作秘密事项具体范围，制定本机关、本单位工作秘密事项清单。

第二款是关于工作秘密管理的规定。机关、单位应当严格履行工作秘密管理的主体责任，加强本机关、本单位工作秘密管理。工作秘密一经确定，机关、单位应当采取技术防护等保护措施，并将其纳入自监管范围。机关、单位制作、收发、传递、借阅、使用、复制、保存、维修、销毁工作秘密载体，应当遵守有关规定。机关、单位对存储、处理、传输工作秘密的信息系统和信息设备，应当采取必要的防护措施，确保有关信息可管可控。不得在未采取符合保密规定的防护措施的情况下，直接在互联网及其他公共信息网络中存储、处理、传输工作秘密。

违反有关规定造成工作秘密泄露，情节严重的，对直接负责的主管人员和其他直接责任人员依法给予处分。"情节严重"，主要是指违反工作秘密管理有关规定，造成工作秘密泄露且造成重大不利影响；或者多次违反工作秘密管理有关规定，拒不纠正，造成工作秘密泄露等情形。

第七十四条　本条例自 2024 年 9 月 1 日起施行。

【释义】　本条是关于实施条例施行日期的规定。

实施条例于 2024 年 7 月 10 日公布，自 2024 年 9 月 1 日起施行。

法规施行日期是法规生效日期。规定法规施行日期，主要有3种方式：一是自公布之日起生效施行；二是法规公布后，经过一段时间后开始施行；三是法规公布后先予试行或者暂行，而后加以补充完善，再通过为正式法规公布施行，在试行期间也具有约束力。考虑到本次修订幅度较大，实施条例采用第二种生效方式，在公布与施行之中预留一段时间，以便有关方面做好施行的准备工作，如围绕实施条例进行宣传培训，配套相关制度规范等。

第二部分　附　　录

附录一

中华人民共和国国务院令

第 786 号

《中华人民共和国保守国家秘密法实施条例》已经 2024 年 6 月 26 日国务院第 35 次常务会议修订通过，现予公布，自 2024 年 9 月 1 日起施行。

总理　**李强**

2024 年 7 月 10 日

中华人民共和国保守国家秘密法实施条例

（2014年1月17日中华人民共和国国务院令第646号公布 2024年7月10日中华人民共和国国务院令第786号修订）

第一章 总 则

第一条 根据《中华人民共和国保守国家秘密法》（以下简称保密法）的规定，制定本条例。

第二条 坚持和加强中国共产党对保守国家秘密（以下简称保密）工作的领导。

中央保密工作领导机构领导全国保密工作，负责全国保密工作的顶层设计、统筹协调、整体推进、督促落实。

地方各级保密工作领导机构领导本地区保密工作，按照中央保密工作领导机构统一部署，贯彻落实党和国家保密工作战略及重大政策措施，统筹协调保密重大事项和重要工作，督促保密法律法规严格执行。

第三条 国家保密行政管理部门主管全国的保密工作。县级以上地方各级保密行政管理部门在上级保密行政管理部门指导下，主管本行政区域的保密工作。

第四条 中央国家机关在其职权范围内管理或者指导本系统的保密工作，监督执行保密法律法规，可以根据实际情况制定或者会同有关部门制定主管业务方面的保密规定。

第五条 国家机关和涉及国家秘密的单位（以下简称机关、单位）不得将依法应当公开的事项确定为国家秘密，不得将涉及国家秘密的信息公开。

第六条 机关、单位实行保密工作责任制，承担本机关、本单位保密工作主体责任。机关、单位主要负责人对本机关、本单位的保密工作负总责，分管保密工作的负责人和分管业务工作的负责人在职责范围内对保密工作负领导责任，工作人员对本岗位的保密工作负直接责任。

机关、单位应当加强保密工作力量建设，中央国家机关应当设立保密工作机构，配备专职保密干部，其他机关、单位应当根据保密工作需要设立保密工作机构或者指定人员专门负责保密工作。

机关、单位及其工作人员履行保密工作责任制情况应当纳入年度考评和考核内容。

第七条 县级以上人民政府应当加强保密基础设施建设和关键保密科学技术产品的配备。

省级以上保密行政管理部门应当推动保密科学技术自主创新，促进关键保密科学技术产品的研发工作，鼓励和支持保密科学技术研究和应用。

第八条 保密行政管理部门履行职责所需的经费，应当列入本级预算。机关、单位开展保密工作所需经费应当列入本机关、本单位的年度预算或者年度收支计划。

第九条 保密行政管理部门应当组织开展经常性的保密宣传教育。干部教育培训主管部门应当会同保密行政管理部门履行干部保密教育培训工作职责。干部教育培训机构应当将保密教育纳入教学体系。教育行政部门应当推动保密教育纳入国民教育体系。宣传部门应当指导鼓励大众传播媒介充分发挥作用，普及保密知识，宣传保密法治，推动全社会增强保密意识。

机关、单位应当定期对本机关、本单位工作人员进行保密工作优良传统、保密形势任务、保密法律法规、保密技术防范、保密违法案例警示等方面的教育培训。

第十条 保密行政管理部门应当按照国家有关规定完善激励保障机制，加强专门人才队伍建设、专业培训和装备配备，提升保密工作专业化能力和水平。教育行政部门应当加强保密相关学科专业建设指导和支持。

第十一条 对有下列表现之一的组织和个人，应当按照国家有关规定给予表彰和奖励：

（一）在危急情况下保护国家秘密安全的；

（二）在重大涉密活动中，为维护国家秘密安全做出突出贡献的；

（三）在保密科学技术研发中取得重大成果或者显著成绩的；

（四）及时检举泄露或者非法获取、持有国家秘密行为的；

（五）发现他人泄露或者可能泄露国家秘密，立即采取补救措施，避免或者减轻危害后果的；

（六）在保密管理等涉密岗位工作，忠于职守，严守国家秘密，表现突出的；

（七）其他在保守、保护国家秘密工作中做出突出贡献的。

第二章 国家秘密的范围和密级

第十二条 国家秘密及其密级的具体范围（以下称保密事项范围）应当明确规定国家秘密具体事项的名称、密级、保密期限、知悉范围和产生层级。

保密事项范围应当根据情况变化及时调整。制定、修订保密事项范围应当充分论证，听取有关机关、单位和相关行业、领域专家的意见。

第十三条 有定密权限的机关、单位应当依据本行业、本领域以及相关行业、领域保密事项范围，制定国家秘密事项一览表，并报同级保密行政管理部门备案。国家秘密事项一览表应当根据保密事项范围及时修订。

第十四条 机关、单位主要负责人为本机关、本单位法定定密责任人，根据工作需要，可以明确本机关、本单位其他负责人、内设机构负责人或者其他人员为指定定密责任人。

定密责任人、承办人应当接受定密培训，熟悉定密职责和保密事项范围，掌握定密程序和方法。

第十五条 定密责任人在职责范围内承担国家秘密确定、变更和解除工作，指导、监督职责范围内的定密工作。具体职责是：

（一）审核批准承办人拟定的国家秘密的密级、保密期限和知悉范围；

（二）对本机关、本单位确定的尚在保密期限内的国家秘密进行审核，作出是否变更或者解除的决定；

（三）参与制定修订本机关、本单位国家秘密事项一览表；

（四）对是否属于国家秘密和属于何种密级不明确的事项先行拟定密级、保密期限和知悉范围，并按照规定的程序报保密行政管理部门确定。

第十六条 中央国家机关、省级机关以及设区的市级机关可以根据保密工作需要或者有关机关、单位申请，在国家保密行政管理部门规定的定密权限、授权范围内作出定密授权。

无法按照前款规定授权的，省级以上保密行政管理部门可以根据保密工作需要或者有关机关、单位申请，作出定密授权。

定密授权应当以书面形式作出。授权机关应当对被授权机关、单位履行定密授权的情况进行监督。被授权机关、单位不得再授权。

中央国家机关、省级机关和省、自治区、直辖市保密行政管理部门作出的定密授权，报国家保密行政管理部门备案；设区的市级机关作出的定密授权，报省、自治区、直辖市保密行政管理部门备案。

第十七条 机关、单位应当在国家秘密产生的同时，由承办人依据有关保密事项范围拟定密级、保密期限和知悉范围，报定密责任人审核批准，并采取相应保密措施。

机关、单位对应当定密但本机关、本单位没有定密权限的事项，先行采取保密措施，并依照法定程序，报上级机关、单位确定；没有上级机关、单位的，报有定密权限的业务主管部门或者保密行政管理部门确定。

机关、单位确定国家秘密，能够明确密点的，按照国家保密规定确定并标注。

第十八条 机关、单位执行上级确定的国家秘密事项或者办理其他机关、单位确定的国家秘密事项，有下列情形之一的，应当根据所执行、办理的国家秘密事项的密级、保密期限和知悉范围派生定密：

（一）与已确定的国家秘密事项完全一致的；

（二）涉及已确定的国家秘密事项密点的；

（三）对已确定的国家秘密事项进行概括总结、编辑整合、具体细化的；

（四）原定密机关、单位对使用已确定的国家秘密事项有明确定密要求的。

第十九条 机关、单位对所产生的国家秘密，应当按照保密事项范围的规定确定具体的保密期限或者解密时间；不能确定的，应当确定解密条件。

国家秘密的保密期限，自标明的制发日起计算；不能标明制发日的，确定该国家秘密的机关、单位应当书面通知知悉范围内的机关、单位和人员，保密期限自通知之日起计算。

第二十条 机关、单位应当依法限定国家秘密的知悉范围，对知悉机密级以上国家秘密的人员，应当作出记录。

第二十一条 国家秘密载体以及属于国家秘密的设备、产品（以下简称密品）的明显部位应当作出国家秘密标志。国家秘密标志应当标注密级、保密期限。国家秘密的密级或者保密期限发生变更的，应当及时对原国家秘密标志作出变更。

无法作出国家秘密标志的，确定该国家秘密的机关、单位应当书面通知知悉范围内的机关、单位和人员。

第二十二条 机关、单位对所确定的国家秘密，认为符合保密法有关解除或者变更规定的，应当及时解除或者变更。

机关、单位对不属于本机关、本单位确定的国家秘密，认为符合保密法有关解除或者变更规定的，可以向原定密机关、单位或者其上级机关、单位提出建议。

已经依法移交各级国家档案馆的属于国家秘密的档案，由原定密机关、单位按照国家有关规定进行解密审核。

第二十三条 机关、单位被撤销或者合并、分立的，该机关、单位所确定国家秘密的变更和解除，由承担其职能的机关、单位负责；没有相应机关、单位的，由其上级机关、单位或者同级保密行政管理部门指定的机关、单位负责。

第二十四条 机关、单位发现本机关、本单位国家秘密的确定、变更和解除不当的，应当及时纠正；上级机关、单位发现下级机关、单位国家秘密的确定、变更和解除不当的，应当及时通知其纠正，也可以直接纠正。

第二十五条 机关、单位对符合保密法的规定，但保密事项范围没有规定的不明确事项，应当先行拟定密级、保密期限和知悉范围，采取相应的保密措施，并自拟定之日起 10 个工作日内报有关部门确定。拟定为绝密级的事项和中央国家机关拟定的机密级、秘密级的事项，报国家保密行政管理部门确定；其他机关、单位拟定的机密级、秘密级的事项，报省、自治区、直辖市保密行政管理部门确定。

保密行政管理部门接到报告后，应当在 10 个工作日内作出决定。省、自治区、直辖市保密行政管理部门还应当将所作决定及时报国家保密行政管理部门备案。

第二十六条 机关、单位对已确定的国家秘密事项是否属于国家秘密或者属于何种密级有不同意见的，可以向原定密机关、单位提出异议，由原定密机关、单位作出决定。

机关、单位对原定密机关、单位未予处理或者对作出的决定仍有异议的，按照下列规定办理：

（一）确定为绝密级的事项和中央国家机关确定的机密级、秘密级的事项，报国家保密行政管理部门确定；

（二）其他机关、单位确定的机密级、秘密级的事项，报省、自治区、直辖市保密行政管理部门确定；对省、自治区、直辖市保密行政管理部门作出的决定有异议的，可以报国家保密行政管理部门确定。

在原定密机关、单位或者保密行政管理部门作出决定前，对有关事项应当按照主张密级中的最高密级采取相应的保密措施。

第三章　保密制度

第二十七条 国家秘密载体管理应当遵守下列规定：

（一）制作国家秘密载体，应当由本机关、本单位或者取得国家秘密载体制作、复制资质的单位承担，制作场所、设备应当符合国家保密规定；

（二）收发国家秘密载体，应当履行清点、编号、登记、签收手续；

（三）传递国家秘密载体，应当通过机要交通、机要通信或者其他符合国家保密规定的方式进行；

（四）阅读、使用国家秘密载体，应当在符合国家保密规定的场所进行；

（五）复制国家秘密载体或者摘录、引用、汇编属于国家秘密的内容，应当按照规定报批，不得擅自改变原件的密级、保密期限和知悉范围，复制件应当加盖复制机关、单位戳记，并视同原件进行管理；

（六）保存国家秘密载体的场所、设施、设备，应当符合国家保密规定；

（七）维修国家秘密载体，应当由本机关、本单位专门技术人员负责。确需外单位人员维修的，应当由本机关、本单位的人员现场监督。确需在本机关、本单位以外维修的，应当符合国家保密规定；

（八）携带国家秘密载体外出，应当符合国家保密规定，并采取可靠的保密措施。携带国家秘密载体出境，应当按照国家保密规定办理审批手续；

（九）清退国家秘密载体，应当按照制发机关、单位要求办理。

第二十八条　销毁国家秘密载体，应当符合国家保密规定和标准，确保销毁的国家秘密信息无法还原。

销毁国家秘密载体，应当履行清点、登记、审批手续，并送交保密行政管理部门设立的工作机构或者指定的单位销毁。机关、单位因工作需要，自行销毁少量国家秘密载体的，应当使用符合国家保密标准的销毁设备和方法。

第二十九条　绝密级国家秘密载体管理还应当遵守下列规定：

（一）收发绝密级国家秘密载体，应当指定专人负责；

（二）传递、携带绝密级国家秘密载体，应当两人以上同行，所用包装应当符合国家保密规定；

（三）阅读、使用绝密级国家秘密载体，应当在符合国家保密规定的指定场所进行；

（四）禁止复制、下载、汇编、摘抄绝密级文件信息资料，确有工作需要的，应当征得原定密机关、单位或者其上级机关同意；

（五）禁止将绝密级国家秘密载体携带出境，国家另有规定的从其规定。

第三十条　机关、单位应当依法对密品的研制、生产、试验、运输、使用、保存、维修、销毁等进行管理。

机关、单位应当及时确定密品的密级和保密期限，严格控制密品的接触范围，对放置密品的场所、部位采取安全保密防范措施。

绝密级密品的研制、生产、维修应当在符合国家保密规定的封闭场所进行，并设置专门放置、保存场所。

密品的零件、部件、组件等物品，涉及国家秘密的，按照国家保密规定管理。

第三十一条　机关、单位应当依法确定保密要害部门、部位，报同级保密行政管理部门确认，严格保密管理。

第三十二条　涉密信息系统按照涉密程度分为绝密级、机密级、秘密级。机关、单位应当根据涉密信息系统存储、处理信息的最高密级确定保护等级，按照分级保护要求采取相应的安全保密防护措施。

第三十三条　涉密信息系统应当由国家保密行政管理部门设立或者授权的机构进行检测评估，并经设区的市级以上保密行政管理部门审查合格，方可投入使用。

公安机关、国家安全机关的涉密信息系统测评审查工作按照国家保密行政管理部门会同国务院公安、国家安全部门制定的有关规定执行。

第三十四条 机关、单位应当加强信息系统、信息设备的运行维护、使用管理，指定专门机构或者人员负责运行维护、安全保密管理和安全审计，按照国家保密规定建设保密自监管设施，定期开展安全保密检查和风险评估，配合保密行政管理部门排查预警事件，及时发现并处置安全保密风险隐患。

第三十五条 机关、单位应当按照国家保密规定，对绝密级信息系统每年至少开展一次安全保密风险评估，对机密级及以下信息系统每两年至少开展一次安全保密风险评估。机关、单位涉密信息系统的密级、使用范围和使用环境等发生变化可能产生新的安全保密风险隐患的，应当按照国家保密规定和标准采取相应防护措施，并开展安全保密风险评估。

涉密信息系统中使用的信息设备应当安全可靠，以无线方式接入涉密信息系统的，应当符合国家保密和密码管理规定、标准。

涉密信息系统不再使用的，应当按照国家保密规定和标准对相关保密设施、设备进行处理，并及时向相关保密行政管理部门备案。

第三十六条 研制、生产、采购、配备用于保护国家秘密的安全保密产品和保密技术装备应当符合国家保密规定和标准。

国家鼓励研制生产单位根据保密工作需要，采用新技术、新方法、新工艺等创新安全保密产品和保密技术装备。

第三十七条 研制生产单位应当为用于保护国家秘密的安全保

密产品和保密技术装备持续提供维修维护服务，建立漏洞、缺陷发现和处理机制，不得在安全保密产品和保密技术装备中设置恶意程序。

研制生产单位可以向国家保密行政管理部门设立或者授权的机构申请对安全保密产品和保密技术装备进行检测，检测合格的，上述机构颁发合格证书。研制生产单位生产的安全保密产品和保密技术装备应当与送检样品一致。

第三十八条 国家保密行政管理部门组织其设立或者授权的机构开展用于保护国家秘密的安全保密产品和保密技术装备抽检、复检，发现不符合国家保密规定和标准的，应当责令整改；存在重大缺陷或者重大泄密隐患的，应当责令采取停止销售、召回产品等补救措施，相关单位应当配合。

第三十九条 网络运营者应当遵守保密法律法规和国家有关规定，建立保密违法行为投诉、举报、发现、处置制度，完善受理和处理工作机制，制定泄密应急预案。发生泄密事件时，网络运营者应当立即启动应急预案，采取补救措施，并向保密行政管理部门或者公安机关、国家安全机关报告。

第四十条 网络运营者对保密行政管理部门依法实施的保密违法案件调查和预警事件排查，应当予以配合。

省级以上保密行政管理部门在履行保密监督管理职责中，发现网络存在较大泄密隐患或者发生泄密事件的，可以按照规定权限和程序对该网络运营者的法定代表人或者主要负责人进行约谈，督促其及时整改，消除隐患。

第四十一条 机关、单位应当加强对互联网使用的保密管理。

机关、单位工作人员使用智能终端产品等应当符合国家保密规定，不得违反有关规定使用非涉密信息系统、信息设备存储、处理、传输国家秘密。

第四十二条 机关、单位应当健全信息公开保密审查工作机制，明确审查机构，规范审查程序，按照先审查、后公开的原则，对拟公开的信息逐项进行保密审查。

第四十三条 机关、单位应当承担涉密数据安全保护责任，涉密数据收集、存储、使用、加工、传输、提供等处理活动应当符合国家保密规定。

省级以上保密行政管理部门应当会同有关部门建立动态监测、综合评估等安全保密防控机制，指导机关、单位落实安全保密防控措施，防范数据汇聚、关联引发的泄密风险。

机关、单位应当对汇聚、关联后属于国家秘密事项的数据依法加强安全管理，落实安全保密防控措施。

第四十四条 机关、单位向境外或者向境外在中国境内设立的组织、机构提供国家秘密，任用、聘用的境外人员因工作需要知悉国家秘密的，应当按照国家保密规定办理，进行审查评估，签订保密协议，督促落实保密管理要求。

第四十五条 举办会议或者其他活动涉及国家秘密的，主办单位应当采取下列保密措施，承办、参加单位和人员应当配合：

（一）根据会议、活动的内容确定密级，制定保密方案，限定参加人员和工作人员范围；

（二）使用符合国家保密规定和标准的场所、设施、设备，采取必要保密技术防护等措施；

（三）按照国家保密规定管理国家秘密载体；

（四）对参加人员和工作人员进行身份核实和保密教育，提出具体保密要求；

（五）保密法律法规和国家保密规定要求的其他措施。

通过电视、电话、网络等方式举办会议或者其他活动涉及国家秘密的，还应当符合国家有关保密标准。

第四十六条 保密行政管理部门及其他主管部门应当加强对涉密军事设施及其他重要涉密单位周边区域保密管理工作的指导和监督，建立协调机制，加强军地协作，组织督促整改，有关机关、单位应当配合，及时发现并消除安全保密风险隐患。

第四十七条 从事涉及国家秘密业务（以下简称涉密业务）的企业事业单位应当符合下列条件：

（一）在中华人民共和国境内依法成立1年以上的法人，国家另有规定的从其规定；

（二）无犯罪记录，近1年内未发生泄密案件；

（三）从事涉密业务的人员具有中华人民共和国国籍，国家另有规定的从其规定；

（四）保密制度完善，有专门的机构或者人员负责保密工作；

（五）用于涉密业务的场所、设施、设备符合国家保密规定和标准；

（六）具有从事涉密业务的专业能力；

（七）保密法律法规和国家保密规定要求的其他条件。

第四十八条 从事国家秘密载体制作、复制、维修、销毁，涉密信息系统集成，武器装备科研生产，或者涉密军事设施建设等涉密业务的企业事业单位，应当由保密行政管理部门单独或者会同有关部门进行保密审查，取得保密资质。

取得保密资质的企业事业单位，不得有下列行为：

（一）超出保密资质业务种类范围承担其他需要取得保密资质的业务；

（二）变造、出卖、出租、出借保密资质证书；

（三）将涉密业务转包给其他单位或者分包给无相应保密资质的单位；

（四）其他违反保密法律法规和国家保密规定的行为。

取得保密资质的企业事业单位实行年度自检制度，应当每年向作出准予行政许可决定的保密行政管理部门报送上一年度自检报告。

第四十九条 机关、单位采购涉及国家秘密的工程、货物、服务，或者委托企业事业单位从事涉密业务，应当根据国家保密规定确定密级，并符合国家保密规定和标准。机关、单位应当与有关单位、个人签订保密协议，提出保密要求，采取保密措施，实施全过程管理。

机关、单位采购或者委托企业事业单位从事本条例第四十八条第一款规定的涉密业务的，应当核验承担单位的保密资质。采购或者委托企业事业单位从事其他涉密业务的，应当核查参与单位的业务能力和保密管理能力。

政府采购监督管理部门、保密行政管理部门应当依法加强对涉及国家秘密的工程、货物、服务采购或者其他委托开展涉密业务的监督管理。

第五十条 机关、单位应当依法确定涉密岗位，对拟任用、聘用到涉密岗位工作的人员进行上岗前保密审查，确认其是否具备在涉密岗位工作的条件和能力。未通过保密审查的，不得任用、聘用到涉密岗位工作。

机关、单位组织人事部门负责组织实施保密审查时，拟任用、聘用到涉密岗位工作的人员应当如实提供有关情况；需要其原工作、学习单位以及居住地有关部门和人员配合的，相关单位、部门和人员应当配合。必要时，公安机关、国家安全机关依申请协助审查。

机关、单位组织人事部门应当定期组织复审，确保涉密人员符合涉密岗位工作要求。

第五十一条 涉密人员应当遵守保密法律法规和本机关、本单位保密制度，严格遵守保密纪律、履行保密承诺，接受保密管理，不得以任何方式泄露国家秘密。

第五十二条 机关、单位组织人事部门会同保密工作机构负责涉密人员保密管理工作。机关、单位保密工作机构应当对涉密人员履行保密责任情况开展经常性的监督检查，会同组织人事部门加强保密教育培训。

涉密人员出境，由机关、单位组织人事部门和保密工作机构提出意见，按照人事、外事审批权限审批。涉密人员出境应当经过保密教育培训，及时报告在境外相关情况。

第五十三条 涉密人员离岗离职应当遵守有关法律法规规定；离岗离职前，应当接受保密提醒谈话，签订离岗离职保密承诺书。机关、单位应当开展保密教育提醒，清退国家秘密载体、涉密设备，取消涉密信息系统访问权限，确定脱密期期限。涉密人员在脱密期内就业、出境应当遵守国家保密规定。涉密人员不得利用知悉的国家秘密为有关组织、个人提供服务或者谋取利益。

第五十四条　涉密人员擅自离职或者脱密期内严重违反国家保密规定的，机关、单位应当及时报告同级保密行政管理部门，由保密行政管理部门会同有关部门依法采取处置措施。

第五十五条　机关、单位应当建立健全涉密人员权益保障制度，按照国家有关规定给予因履行保密义务导致合法权益受到影响和限制的人员相应待遇或者补偿。

第四章　监督管理

第五十六条　机关、单位应当向同级保密行政管理部门报送本机关、本单位年度保密工作情况。下级保密行政管理部门应当向上级保密行政管理部门报送本行政区域年度保密工作情况。

第五十七条　国家建立和完善保密标准体系。国家保密行政管理部门依照法律、行政法规的规定制定国家保密标准；相关学会、协会等社会团体可以制定团体标准；相关企业可以制定企业标准。

第五十八条　机关、单位应当对遵守保密法律法规和相关制度情况开展自查自评。保密行政管理部门依法对下列情况进行检查：

（一）保密工作责任制落实情况；

（二）保密制度建设情况；

（三）保密宣传教育培训情况；

（四）涉密人员保密管理情况；

（五）国家秘密确定、变更、解除情况；

（六）国家秘密载体管理情况；

（七）信息系统和信息设备保密管理情况；

（八）互联网使用保密管理情况；

（九）涉密场所及保密要害部门、部位管理情况；

（十）采购涉及国家秘密的工程、货物、服务，或者委托企业事业单位从事涉密业务管理情况；

（十一）涉及国家秘密会议、活动管理情况；

（十二）信息公开保密审查情况；

（十三）其他遵守保密法律法规和相关制度的情况。

第五十九条 保密行政管理部门依法开展保密检查和案件调查处理，查阅有关材料、询问人员、记录情况，对有关设施、设备、文件资料等登记保存，进行保密技术检测，应当遵守国家有关规定和程序。

有关机关、单位和个人应当配合保密行政管理部门依法履行职责，如实反映情况，提供必要资料，不得弄虚作假，隐匿、销毁证据，或者以其他方式逃避、妨碍保密监督管理。

保密行政管理部门实施保密检查后，应当出具检查意见，对需要整改的，应当明确整改内容和期限，并在一定范围内通报检查结果。

第六十条 保密行政管理部门对涉嫌保密违法的线索和案件，应当依法及时调查处理或者组织、督促有关机关、单位调查处理；发现需要采取补救措施的，应当立即责令有关机关、单位和人员停止违法行为，采取有效补救措施。调查工作结束后，有违反保密法律法规的事实，需要追究责任的，保密行政管理部门应当依法作出行政处罚决定或者提出处理建议；涉嫌犯罪的，应当依法移送监察机关、司法机关处理。有关机关、单位应当及时将处理结果书面告知同级保密行政管理部门。

第六十一条 机关、单位发现国家秘密已经泄露或者可能泄露的，应当立即采取补救措施，并在24小时内向同级保密行政管理部门和上级主管部门报告。

地方各级保密行政管理部门接到泄密报告的，应当在24小时内逐级报至国家保密行政管理部门。

保密行政管理部门依法受理公民对涉嫌保密违法线索的举报，并保护举报人的合法权益。

第六十二条 保密行政管理部门收缴非法获取、持有的国家秘密载体，应当进行登记并出具清单，查清密级、数量、来源、扩散范围等，并采取相应的保密措施。

保密行政管理部门可以提请公安、市场监督管理等有关部门协助收缴非法获取、持有的国家秘密载体，有关部门应当予以配合。

第六十三条 办理涉嫌泄密案件的地方各级监察机关、司法机关申请国家秘密和情报鉴定的，向所在省、自治区、直辖市保密行政管理部门提出；办理涉嫌泄密案件的中央一级监察机关、司法机关申请国家秘密和情报鉴定的，向国家保密行政管理部门提出。

国家秘密和情报鉴定应当根据保密法律法规和保密事项范围等进行。保密行政管理部门受理鉴定申请后，应当自受理之日起30日内出具鉴定结论；不能按期出具的，经保密行政管理部门负责人批准，可以延长30日。专家咨询等时间不计入鉴定办理期限。

第六十四条 设区的市级以上保密行政管理部门应当建立监测预警制度，分析研判保密工作有关情况，配备监测预警设施和相应工作力量，发现、识别、处置安全保密风险隐患，及时发出预警通报。

第六十五条 保密行政管理部门和其他相关部门应当在保密工作中加强协调配合，及时通报情况。

第六十六条 保密行政管理部门及其工作人员应当按照法定的职权和程序开展工作，做到严格规范公正文明执法，依法接受监督。

第五章 法律责任

第六十七条 机关、单位违反保密法律法规发生泄密案件，有下列情形之一的，根据情节轻重，对直接负责的主管人员和其他直接责任人员依法给予处分；构成犯罪的，依法追究刑事责任：

（一）未落实保密工作责任制的；

（二）未依法确定、变更或者解除国家秘密的；

（三）未按照要求对涉密场所以及保密要害部门、部位进行防护或者管理的；

（四）涉密信息系统未按照规定进行测评审查而投入使用，经责令整改仍不改正的；

（五）未经保密审查或者保密审查不严，公开国家秘密的；

（六）委托不具备从事涉密业务条件的单位从事涉密业务的；

（七）违反涉密人员保密管理规定的；

（八）发生泄密案件未按照规定报告或者未及时采取补救措施的；

（九）未依法履行涉密数据安全管理责任的；

（十）其他违反保密法律法规的情形。

有前款情形尚不构成犯罪，且不适用处分的人员，由保密行政管理部门督促其主管部门予以处理。

第六十八条 在保密检查或者保密违法案件调查处理中，有关机关、单位及其工作人员拒不配合，弄虚作假，隐匿、销毁证据，或者以其他方式逃避、妨碍保密检查或者保密违法案件调查处理的，对直接负责的主管人员和其他直接责任人员依法给予处分；不适用处分的人员，由保密行政管理部门督促其主管部门予以处理。

企业事业单位及其工作人员协助机关、单位逃避、妨碍保密检查或者保密违法案件调查处理的，由有关主管部门依法予以处罚。

第六十九条 网络运营者违反保密法律法规，有下列情形之一的，由保密行政管理等部门按照各自职责分工责令限期整改，给予警告或者通报批评；情节严重的，处5万元以上50万元以下罚款，对直接负责的主管人员和其他直接责任人员处1万元以上10万元以下罚款：

（一）发生泄密事件，未依法采取补救措施的；

（二）未依法配合保密行政管理部门实施保密违法案件调查、预警事件排查的。

第七十条 用于保护国家秘密的安全保密产品和保密技术装备不符合国家保密规定和标准，有下列情形之一的，由保密行政管理等部门对研制生产单位给予警告或者通报批评，责令有关检测机构取消合格证书；有违法所得的，没收违法所得：

（一）研制生产单位拒不整改或者整改后仍不符合国家保密规定和标准的；

（二）安全保密产品和保密技术装备存在重大缺陷或者重大泄密隐患的；

（三）造成国家秘密泄露的；

（四）其他严重危害国家秘密安全的。

第七十一条 从事涉密业务的企业事业单位违反保密法律法规及国家保密规定的，由保密行政管理部门责令限期整改，给予警告或者通报批评；有违法所得的，没收违法所得。

取得保密资质的企业事业单位，有下列情形之一的，并处暂停涉密业务、降低资质等级：

（一）超出保密资质业务种类范围承担其他需要取得保密资质业务的；

（二）未按照保密行政管理部门要求时限完成整改或者整改后仍不符合保密法律法规及国家保密规定的；

（三）其他违反保密法律法规及国家保密规定，存在重大泄密隐患的。

取得保密资质的企业事业单位，有下列情形之一的，并处吊销保密资质：

（一）变造、出卖、出租、出借保密资质证书的；

（二）将涉密业务转包给其他单位或者分包给无相应保密资质单位的；

（三）发现国家秘密已经泄露或者可能泄露，未立即采取补救措施或者未按照规定时限报告的；

（四）拒绝、逃避、妨碍保密检查的；

（五）暂停涉密业务期间承接新的涉密业务的；

（六）暂停涉密业务期满仍不符合保密法律法规及国家保密规定的；

（七）发生重大泄密案件的；

（八）其他严重违反保密法律法规及国家保密规定行为的。

第七十二条　保密行政管理部门未依法履行职责，或者滥用职权、玩忽职守、徇私舞弊的，对直接负责的主管人员和其他直接责任人员依法给予处分；构成犯罪的，依法追究刑事责任。

第六章　附　　则

第七十三条　中央国家机关应当结合工作实际制定本行业、本领域工作秘密事项具体范围，报国家保密行政管理部门备案。

机关、单位应当加强本机关、本单位工作秘密管理，采取技术防护、自监管等保护措施。违反有关规定造成工作秘密泄露，情节严重的，对直接负责的主管人员和其他直接责任人员依法给予处分。

第七十四条　本条例自 2024 年 9 月 1 日起施行。

司法部关于《中华人民共和国保守国家秘密法实施条例（修订草案）》的说明

党中央、国务院历来高度重视保密工作。习近平总书记指出，要坚持依法治密，抓紧完善保密法配套法规和政策制度，始终在法治轨道上推进保密工作高质量发展。李强总理就加强保密法治建设提出要求。按照党中央、国务院决策部署，司法部、国家保密局研究起草了《中华人民共和国保守国家秘密法实施条例（修订草案）》（以下简称修订草案）。现说明如下：

一、工作情况

国务院于 2014 年 1 月 17 日公布，自 2014 年 3 月 1 日起施行的《中华人民共和国保守国家秘密法实施条例》（以下简称实施条例），在推进保密依法管理、保守国家秘密、维护国家安全和利益等方面发挥了重要作用。近年来，国际国内形势发生深刻变化，保密工作面临着新形势新任务，为适应需要，新修订的《中华人民共和国保守国家秘密法》（以下简称保密法）进一步健全了保密管理体制机制，完善了保密管理制度。为了贯彻落实新修订的保密法，需要对现行实施条例作出修订。此项工作已列入《国务院 2024 年度立法工作计划》。

国家保密局在深入调研论证、广泛听取意见的基础上，结合保密法修订工作，起草了《中华人民共和国保守国家秘密法实施条例

（修订草案送审稿）》（以下简称送审稿），于 2024 年 3 月底报送国务院。司法部收到送审稿后，征求了有关中央单位、地方人民政府、协会、企事业单位和专家学者意见，并向社会公开征求意见。根据各方面反馈意见和前期调研情况，司法部会同国家保密局认真研究修改完善送审稿，形成了修订草案。

二、总体思路

坚持以习近平新时代中国特色社会主义思想为指导，深入贯彻落实习近平法治思想和习近平总书记关于保密工作重要指示批示精神，主要把握以下几点：一是细化党管保密原则，健全党管保密体制机制，确保保密工作正确政治方向。二是在保密法制度框架下，细化、完善相关制度，确保新修订的保密法有效实施。三是聚焦保密工作面临的新情况新问题，总结提炼近年来保密工作行之有效的经验做法和成熟制度。

三、主要内容

修订草案共 6 章 74 条，新增 29 条，修改 39 条，主要内容：
（一）完善领导管理体制。一是坚持和加强党对保密工作的领导，细化中央和地方保密工作领导机构职责。二是细化保密工作责任制，明确保密工作的主体责任、领导责任和直接责任。三是明确保密行政管理部门等主体的保密宣传教育工作职责，完善保密培训内容。

（二）加强定密管理。一是明确保密事项范围以及国家秘密事项一览表的制定、修订要求。二是区分法定定密责任人和指定定密责任人，明确定密责任人具体职责。三是明确对应当定密但没有定密权限的事项要先行采取保密措施，依法报有权机关确定，并倡导实行密点标注。四是明确派生定密具体情形。

（三）细化保密管理。一是明确绝密级国家秘密载体、密品、保密要害部门部位的管理要求。二是压实机关、单位对信息系统、信息设备的日常保密管理责任，强化涉密信息系统运行维护要求，细化风险评估标准。三是明确研制生产单位义务，细化网络运营者信息管理职责。四是细化信息公开保密审查要求，强化涉外保密管理，完善涉密会议活动保密管理，明确防范数据汇聚、关联泄密风险措施。五是优化从事涉密业务基本条件，细化对取得保密资质的企业事业单位的管理要求。六是细化和完善涉密人员保密审查、保密义务、教育培训、出境管理、脱密期管理、权益保障等管理制度。

（四）强化监督管理。一是明确国家保密标准、团体标准、企业标准制定原则要求，细化完善保密检查事项范围和检查规范。二是明确保密行政管理部门依法受理公民对涉嫌保密违法线索的举报，并保护举报人合法权益。三是完善密级鉴定制度，增加情报鉴定规定，明确分级受理机制。四是细化监测预警制度，明确情况分析研判、设施力量配备、风险隐患处置、预警通报等要求。五是要求保密行政管理部门和其他相关部门加强协调配合，及时通报情况。

此外，修订草案还进一步完善了法律责任。

司法部、国家保密局负责人就《中华人民共和国保守国家秘密法实施条例》修订答记者问

2024年7月10日，国务院总理李强签署第786号国务院令，公布修订后的《中华人民共和国保守国家秘密法实施条例》（以下简称《条例》），自2024年9月1日起施行。日前，司法部、国家保密局负责人就《条例》有关问题回答了记者提问。

问：请简要介绍一下《条例》修订背景情况。

答：党中央、国务院历来高度重视保密工作。国务院于2014年1月17日公布、自2014年3月1日起施行的《条例》，在推进保密依法管理、保守国家秘密、维护国家安全和利益等方面发挥了重要作用。近年来，国际国内形势发生深刻变化，保密工作面临着新形势新任务，为适应需要，新修订的《中华人民共和国保守国家秘密法》（以下简称保密法）进一步健全了保密管理体制机制，完善了保密管理制度。为深入贯彻党中央关于保密工作的决策部署，进一步细化保密法有关制度规定，明确保密法具体实施举措，需要对《条例》作出修订。

国家保密局在深入调研论证、广泛听取意见的基础上，结合保密法修订工作，向国务院报送了《条例（修订草案送审稿）》。收到送审稿后，司法部广泛征求了有关中央单位、地方人民政府、

协会、企事业单位和专家学者意见，并向社会公开征求意见，会同国家保密局认真研究，修改形成了《条例（修订草案）》。2024年6月26日，国务院常务会议审议通过了《条例（修订草案）》。2024年7月10日，李强总理签署国务院令，正式公布修订后的《条例》。

问：修订《条例》的总体思路是什么？

答：修订《条例》坚持以习近平新时代中国特色社会主义思想为指导，深入贯彻落实习近平法治思想和习近平总书记关于保密工作重要指示批示精神，遵循以下总体思路：一是细化党管保密原则，健全党管保密体制机制，确保保密工作正确政治方向。二是在保密法制度框架下，细化、完善相关制度，确保新修订的保密法有效实施。三是聚焦保密工作面临的新情况新问题，总结提炼近年来保密工作行之有效的经验做法和成熟制度。

问：《条例》在坚持和加强党对保密工作的领导方面作了哪些细化？

答：党对保密工作的统一领导，是保密工作的本质特征，是保密工作长期实践和历史经验的总结。此次《条例》修订增加了党管保密专门条款，进一步强调坚持和加强中国共产党对保密工作的领导，健全党管保密体制机制，明确了中央保密工作领导机构、地方各级保密工作领导机构的具体职责，为贯彻落实党和国家保密工作战略及重大政策措施，更好发挥党管保密的政治优势、组织优势提供了制度保障。

问：《条例》在定密管理方面作了哪些细化？

答： 为进一步提升定密工作的精准性、科学性，《条例》对定密管理制度作了进一步细化和完善：一是明确国家秘密事项一览表制定修订要求。国家秘密事项一览表以明确、直观的方式列明国家秘密事项、密级、保密期限、知悉范围和定密依据。《条例》明确，有定密权限的机关、单位应当依据本行业、本领域以及相关行业、领域保密事项范围，制定国家秘密事项一览表，从源头上保障定密工作的精准性、科学性。二是进一步细化定密责任人范围和具体职责。《条例》明确，机关、单位主要负责人是本机关、本单位的法定定密责任人，根据工作需要，可以明确一定范围的人员为指定定密责任人。同时，进一步完善了定密责任人的具体职责。三是明确应当派生定密的具体情形。派生定密是一种重要的定密方式，《条例》列举了应当派生定密的具体情形，为机关、单位派生定密提供更加科学、细致的指引，有利于规范派生定密行为，有效避免派生定密过多、过泛的问题。

问：《条例》在加强保密科学技术创新和防护等方面作了哪些规定？

答： 近年来，随着信息科技的普及应用，国家秘密形态日益数字化、网络化，面临的泄密、窃密风险也更加多样化、隐蔽化，窃密与反窃密斗争逐步体现为科学技术能力的竞争与对抗。《条例》就加强保密科学技术创新和防护作了以下规定：一是重视保密科学技术创新。鼓励和支持保密科学技术研究和应用，对在保密科学技术研发中取得重大成果或者显著成绩的组织和个人给予表彰和奖励。二是注重信息设备、信息系统保密管理。明确机关、单位应当加强信息系统、信息设备的运行维护、使用管理,定期开展涉密信息系统风险评估,确保涉密信息系统中使用的信息设备安全可靠。三是细化安全保密产品和保密技术装备管理要求。明确研制生产单位义务,鼓励采用新技术、新方法、新工艺等进行创新;抽检、复检中发现的不符合国家保密规定和标准的,明确了相应处置措施,有效促进安全保密产品和保密技术装备质量持续提升。

问:《条例》在网络信息和数据保密管理方面作了哪些细化?

答: 随着信息化、数字化的飞速发展和广泛应用,国家秘密管理难度不断加大,网络信息和数据保密管理的重要性愈发凸显。《条例》进一步规范了网络信息和数据保密管理:一是加强网络使用保密管理,规定机关、单位工作人员不得违反有关规定使用非涉密信息系统、信息设备存储、处理、传输国家秘密,使用智能终端产品等应当符合国家保密规定。二是明确网络运营者对依法实施的保密违法案件调查和预警事件排查的配合义务。三是完善数据保密管理制度,压实机关、单位涉密数据安全保护主体责任,明确涉密数据全流程管理要求,有效防范大数据条件下泄密风险,切实筑牢保密防线。

问:《条例》在涉密人员管理方面作了哪些细化?

答: 涉密人员管理是保密管理的重要内容和关键所在。《条例》总结多年来涉密人员管理实践经验,进一步细化了涉密人员管理要求:一是建立涉密人员"全周期"管理制度,对涉密人员上岗前的保密审查及定期复审,在岗期间的保密管理及保密教育培训、离岗离职程序及要求,脱密期间的管理等均作出细化规定。二是细化涉密人员权益保护规定,要求机关、单位建立健全涉密人员权益保障制度,按照国家有关规定给予因履行保密义务导致合法权益受到影响和限制的人员相应待遇或者补偿。

问:《条例》施行后,将重点做好哪些工作?

答: 国家保密局将和有关部门共同做好《条例》贯彻落实工作。一是广泛组织学习宣传。组织各级保密行政管理部门、保密工作机构及保密干部结合保密法相关规定,深入学习《条例》。同时,针对党政领导干部、涉密人员和社会公众等不同群体,采取多种形式做好保密法及《条例》的学习、宣传和培训工作。二是认真落实《条例》规定。各级保密行政管理部门全面贯彻保密法及《条例》,履行法律赋予的行政管理职能,提升保密依法行政能力。同时,指导、推动机关、单位落实《条例》各项制度,切实筑牢国家秘密安全防线。三是抓紧完善配套制度。国家保密局将加快保密规章制度的立改废释工作,进一步增强保密法律制度体系的系统性、整体性、协同性。

《中华人民共和国保守国家秘密法实施条例》新旧条文对照表

(对删除内容，铺"灰底"体现；对新增或修改内容，以"加粗"格式体现)

中华人民共和国保守国家秘密法实施条例（2014年）	中华人民共和国保守国家秘密法实施条例（2024年）
第一章 总 则	第一章 总 则
第一条 根据《中华人民共和国保守国家秘密法》（以下简称保密法）的规定，制定本条例。	第一条 根据《中华人民共和国保守国家秘密法》（以下简称保密法）的规定，制定本条例。
	第二条 坚持和加强中国共产党对保守国家秘密（以下简称保密）工作的领导。 **中央保密工作领导机构领导全国保密工作，负责全国保密工作的顶层设计、统筹协调、整体推进、督促落实。** **地方各级保密工作领导机构领导本地区保密工作，按照中央保密工作领导机构统一部署，贯彻落实党和国家保密工作战略及重大政策措施，统筹协调保密重大事项和重要工作，督促保密法律法规严格执行。**
第二条 国家保密行政管理部门主管全国的保密工作。县级以上地方各级保密行政管理部门在上级保密行政管理部门指导下，主管本行政区域的保密工作。	**第三条** 国家保密行政管理部门主管全国的保密工作。县级以上地方各级保密行政管理部门在上级保密行政管理部门指导下，主管本行政区域的保密工作。
第三条 中央国家机关在其职权范围内管理或者指导本系统的保密工作，监督执行保密法律法规，可以根据实际情况制定或者会同有关部门制定主管业务方面的保密规定。	**第四条** 中央国家机关在其职权范围内管理或者指导本系统的保密工作，监督执行保密法律法规，可以根据实际情况制定或者会同有关部门制定主管业务方面的保密规定。
第五条 机关、单位不得将依法应当公开的事项确定为国家秘密，不得将涉及国家秘密的信息公开。	第五条 **国家机关和涉及国家秘密的单位（以下简称机关、单位）**不得将依法应当公开的事项确定为国家秘密，不得将涉及国家秘密的信息公开。

(续表)

中华人民共和国保守国家秘密法实施条例（2014年）	中华人民共和国保守国家秘密法实施条例（2024年）
第六条 机关、单位实行保密工作责任制。机关、单位负责人对本机关、本单位的保密工作负责，工作人员对本岗位的保密工作负责。 机关、单位应当根据保密工作需要设立保密工作机构或者指定人员专门负责保密工作。 机关、单位及其工作人员履行保密工作责任制情况应当纳入年度考评和考核内容。	第六条 机关、单位实行保密工作责任制，**承担本机关、本单位保密工作主体责任**。机关、单位**主要负责人**对本机关、本单位的保密工作负总责，**分管保密工作的负责人和分管业务工作的负责人在职责范围内对保密工作负领导责任**，工作人员对本岗位的保密工作负**直接责任**。 **机关、单位应当加强保密工作力量建设，中央国家机关应当设立保密工作机构，配备专职保密干部，其他**机关、单位应当根据保密工作需要设立保密工作机构或者指定人员专门负责保密工作。 机关、单位及其工作人员履行保密工作责任制情况应当纳入年度考评和考核内容。
第四条第一款、第二款 县级以上人民政府应当加强保密基础设施建设和关键保密科技产品的配备。 省级以上保密行政管理部门应当加强关键保密科技产品的研发工作。	第七条 县级以上人民政府应当加强保密基础设施建设和关键保密科学技术产品的配备。 省级以上保密行政管理部门应当推动保密科学技术自主创新，促进关键保密科学技术产品的研发工作，鼓励和支持保密科学技术研究和应用。
第四条第三款 保密行政管理部门履行职责所需的经费，应当列入本级人民政府财政预算。机关、单位开展保密工作所需经费应当列入本机关、本单位的年度财政预算或者年度收支计划。	第八条 保密行政管理部门履行职责所需的经费，应当列入本级预算。机关、单位开展保密工作所需经费应当列入本机关、本单位的年度预算或者年度收支计划。
第七条 各级保密行政管理部门应当组织开展经常性的保密宣传教育。机关、单位应当定期对本机关、本单位工作人员进行保密形势、保密法律法规、保密技术防范等方面的教育培训。	第九条 保密行政管理部门应当组织开展经常性的保密宣传教育。**干部教育培训主管部门应当会同保密行政管理部门履行干部保密教育培训工作职责。干部教育培训机构应当将保密教育纳入教学体系。教育行政部门应当推动保密教育纳入国民教育体系。宣传部门应当指导鼓励大众传播媒介充分发挥作用，普及保密知识，宣传保密法治，推动全社会增强保密意识。**

(续表)

中华人民共和国保守国家秘密法实施条例（2014年）	中华人民共和国保守国家秘密法实施条例（2024年）
	机关、单位应当定期对本机关、本单位工作人员进行**保密工作优良传统**、保密形势**任务**、保密法律法规、保密技术防范、**保密违法案例警示**等方面的教育培训。
	第十条　保密行政管理部门应当按照国家有关规定完善激励保障机制，加强专门人才队伍建设、专业培训和装备配备，提升保密工作专业化能力和水平。教育行政部门应当加强保密相关学科专业建设指导和支持。
	第十一条　对有下列表现之一的组织和个人，应当按照国家有关规定给予表彰和奖励： （一）在危急情况下保护国家秘密安全的； （二）在重大涉密活动中，为维护国家秘密安全做出突出贡献的； （三）在保密科学技术研发中取得重大成果或者显著成绩的； （四）及时检举泄露或者非法获取、持有国家秘密行为的； （五）发现他人泄露或者可能泄露国家秘密，立即采取补救措施，避免或者减轻危害后果的； （六）在保密管理等涉密岗位工作，忠于职守，严守国家秘密，表现突出的； （七）其他在保守、保护国家秘密工作中做出突出贡献的。
第二章　国家秘密的范围和密级	**第二章　国家秘密的范围和密级**
第八条　国家秘密及其密级的具体范围（以下称保密事项范围）应当明确规定国家秘密具体事项的名称、密级、保密期限、知悉范围。 保密事项范围应当根据情况变化及时调整。制定、修订保密事项范围应当充分论证，听取有关机关、单位和相关领域专家的意见。	第十二条　国家秘密及其密级的具体范围（以下称保密事项范围）应当明确规定国家秘密具体事项的名称、密级、保密期限、知悉范围**和产生层级**。 保密事项范围应当根据情况变化及时调整。制定、修订保密事项范围应当充分论证，听取有关机关、单位和相关**行业、**领域专家的意见。

(续表)

中华人民共和国保守国家秘密法实施条例（2014年）	中华人民共和国保守国家秘密法实施条例（2024年）
	第十三条 有定密权限的机关、单位应当依据本行业、本领域以及相关行业、领域保密事项范围，制定国家秘密事项一览表，并报同级保密行政管理部门备案。国家秘密事项一览表应当根据保密事项范围及时修订。
第九条 机关、单位负责人为本机关、本单位的定密责任人，根据工作需要，可以指定其他人员为定密责任人。 专门负责定密的工作人员应当接受定密培训，熟悉定密职责和保密事项范围，掌握定密程序和方法。	第十四条 机关、单位主要负责人为本机关、本单位法定定密责任人，根据工作需要，可以明确本机关、本单位其他负责人、内设机构负责人或者其他人员为指定定密责任人。 定密责任人、承办人应当接受定密培训，熟悉定密职责和保密事项范围，掌握定密程序和方法。
第十条 定密责任人在职责范围内承担有关国家秘密确定、变更和解除工作。具体职责是： （一）审核批准本机关、本单位产生的国家秘密的密级、保密期限和知悉范围； （二）对本机关、本单位产生的尚在保密期限内的国家秘密进行审核，作出是否变更或者解除的决定； （三）对是否属于国家秘密和属于何种密级不明确的事项先行拟定密级，并按照规定的程序报保密行政管理部门确定。	第十五条 定密责任人在职责范围内承担国家秘密确定、变更和解除工作，指导、监督职责范围内的定密工作。具体职责是： （一）审核批准承办人拟定的国家秘密的密级、保密期限和知悉范围； （二）对本机关、本单位确定的尚在保密期限内的国家秘密进行审核，作出是否变更或者解除的决定； （三）参与制定修订本机关、本单位国家秘密事项一览表； （四）对是否属于国家秘密和属于何种密级不明确的事项先行拟定密级、保密期限和知悉范围，并按照规定的程序报保密行政管理部门确定。
第十一条 中央国家机关、省级机关以及设区的市、自治州级机关可以根据保密工作需要或者有关机关、单位的申请，在国家保密行政管理部门规定的定密权限、授权范围内作出定密授权。 定密授权应当以书面形式作出。授权机关应当对被授权机关、单位履行定密权的情况进行监督。	第十六条 中央国家机关、省级机关以及设区的市级机关可以根据保密工作需要或者有关机关、单位申请，在国家保密行政管理部门规定的定密权限、授权范围内作出定密授权。 无法按照前款规定授权的，省级以上保密行政管理部门可以根据保密工作需要或者有关机关、单位申请，作出定密授权。

(续表)

中华人民共和国保守国家秘密法实施条例（2014年）	中华人民共和国保守国家秘密法实施条例（2024年）
中央国家机关、省级机关作出的授权，报国家保密行政管理部门备案；设区的市、自治州级机关作出的授权，报省、自治区、直辖市保密行政管理部门备案。	定密授权应当以书面形式作出。授权机关应当对被授权机关、单位履行定密授权的情况进行监督。**被授权机关、单位不得再授权。** 中央国家机关、省级机关**和省、自治区、直辖市**保密行政管理部门作出的**定密**授权，报国家保密行政管理部门备案；设区的市级机关作出的**定密**授权，报省、自治区、直辖市保密行政管理部门备案。
第十二条　机关、单位应当在国家秘密产生的同时，由承办人依据有关保密事项范围拟定密级、保密期限和知悉范围，报定密责任人审核批准，并采取相应保密措施。	第十七条　机关、单位应当在国家秘密产生的同时，由承办人依据有关保密事项范围拟定密级、保密期限和知悉范围，报定密责任人审核批准，并采取相应保密措施。 机关、单位对应当定密但本机关、本单位没有定密权限的事项，先行采取保密措施，并依照法定程序，报上级机关、单位确定；没有上级机关、单位的，报有定密权限的业务主管部门或者保密行政管理部门确定。 机关、单位确定国家秘密，能够明确密点的，按照国家保密规定确定并标注。
	第十八条　机关、单位执行上级确定的国家秘密事项或者办理其他机关、单位确定的国家秘密事项，有下列情形之一的，应当根据所执行、办理的国家秘密事项的密级、保密期限和知悉范围派生定密： （一）与已确定的国家秘密事项完全一致的； （二）涉及已确定的国家秘密事项密点的； （三）对已确定的国家秘密事项进行概括总结、编辑整合、具体细化的； （四）原定密机关、单位对使用已确定的国家秘密事项有明确定密要求的。

（续表）

中华人民共和国保守国家秘密法实施条例（2014年）	中华人民共和国保守国家秘密法实施条例（2024年）
第十三条 机关、单位对所产生的国家秘密，应当按照保密事项范围的规定确定具体的保密期限；**保密事项范围没有规定具体保密期限的，可以根据工作需要，在保密法规定的保密期限内确定**；不能确定保密期限的，应当确定解密条件。 国家秘密的保密期限，自标明的制发日起计算；不能标明制发日的，确定该国家秘密的机关、单位应当书面通知知悉范围内的机关、单位和人员，保密期限自通知之日起计算。	**第十九条** 机关、单位对所产生的国家秘密，应当按照保密事项范围的规定确定具体的保密期限**或者解密时间**；不能确定的，应当确定解密条件。 国家秘密的保密期限，自标明的制发日起计算；不能标明制发日的，确定该国家秘密的机关、单位应当书面通知知悉范围内的机关、单位和人员，保密期限自通知之日起计算。
第十四条 机关、单位应当**按照保密法的规定**，严格限定国家秘密的知悉范围，对知悉机密级以上国家秘密的人员，应当作出**书面**记录。	**第二十条** 机关、单位应当**依法**限定国家秘密的知悉范围，对知悉机密级以上国家秘密的人员，应当作出记录。
第十五条 国家秘密载体以及属于国家秘密的设备、产品的明显部位应当**标注**国家秘密标志。国家秘密标志应当标注密级和保密期限。国家秘密的密级和保密期限发生变更的，应当及时对原国家秘密标志作出变更。 无法**标注**国家秘密标志的，确定该国家秘密的机关、单位应当书面通知知悉范围内的机关、单位和人员。	**第二十一条** 国家秘密载体以及属于国家秘密的设备、产品（**以下简称密品**）的明显部位应当**作出**国家秘密标志。国家秘密标志应当标注密级、保密期限。国家秘密的密级**或者**保密期限发生变更的，应当及时对原国家秘密标志作出变更。 无法**作出**国家秘密标志的，确定该国家秘密的机关、单位应当书面通知知悉范围内的机关、单位和人员。
第十六条 机关、单位对所产生的国家秘密，认为符合保密法有关解密或者延长保密期限规定的，应当及时解密或者延长保密期限。 机关、单位对不属于本机关、本单位产生的国家秘密，认为符合保密法有关解密或者延长保密期限规定的，可以向原定密机关、单位或者其上级机关、单位提出建议。 已经依法移交各级国家档案馆的属于国家秘密的档案，由原定密机关、单位按照国家有关规定进行解密审核。	**第二十二条** 机关、单位对所**确定**的国家秘密，认为符合保密法有关解**除**或者**变更**规定的，应当及时解**除**或者**变更**。 机关、单位对不属于本机关、本单位**确定**的国家秘密，认为符合保密法有关解**除**或者**变更**规定的，可以向原定密机关、单位或者其上级机关、单位提出建议。 已经依法移交各级国家档案馆的属于国家秘密的档案，由原定密机关、单位按照国家有关规定进行解密审核。

(续表)

中华人民共和国保守国家秘密法实施条例（2014年）	中华人民共和国保守国家秘密法实施条例（2024年）
第十七条　机关、单位被撤销或者合并的，该机关、单位所确定国家秘密的变更和解除，由承担其职能的机关、单位负责，**也可以**由其上级机关、单位或者保密行政管理部门指定的机关、单位负责。	第二十三条　机关、单位被撤销或者合并、**分立**的，该机关、单位所确定国家秘密的变更和解除，由承担其职能的机关、单位负责；**没有相应机关、单位的**，由其上级机关、单位或者**同级**保密行政管理部门指定的机关、单位负责。
第十八条　机关、单位发现本机关、本单位国家秘密的确定、变更和解除不当的，应当及时纠正；上级机关、单位发现下级机关、单位国家秘密的确定、变更和解除不当的，应当及时通知其纠正，也可以直接纠正。	第二十四条　机关、单位发现本机关、本单位国家秘密的确定、变更和解除不当的，应当及时纠正；上级机关、单位发现下级机关、单位国家秘密的确定、变更和解除不当的，应当及时通知其纠正，也可以直接纠正。
第十九条　机关、单位对符合保密法的规定，但保密事项范围没有规定的不明确事项，应当先行拟定密级、保密期限和知悉范围，采取相应的保密措施，并自拟定之日起10日内报有关部门确定。拟定为绝密级的事项和中央国家机关拟定的机密级、秘密级的事项，报国家保密行政管理部门确定；其他机关、单位拟定的机密级、秘密级的事项，报省、自治区、直辖市保密行政管理部门确定。 保密行政管理部门接到报告后，应当在10日内作出决定。省、自治区、直辖市保密行政管理部门还应当将所作决定及时报国家保密行政管理部门备案。	第二十五条　机关、单位对符合保密法的规定，但保密事项范围没有规定的不明确事项，应当先行拟定密级、保密期限和知悉范围，采取相应的保密措施，并自拟定之日起**10个工作**日内报有关部门确定。拟定为绝密级的事项和中央国家机关拟定的机密级、秘密级的事项，报国家保密行政管理部门确定；其他机关、单位拟定的机密级、秘密级的事项，报省、自治区、直辖市保密行政管理部门确定。 保密行政管理部门接到报告后，应当在**10个工作**日内作出决定。省、自治区、直辖市保密行政管理部门还应当将所作决定及时报国家保密行政管理部门备案。
第二十条　机关、单位对已**定密**事项是否属于国家秘密或者属于何种密级有不同意见的，可以向原定密机关、单位提出异议，由原定密机关、单位作出决定。 机关、单位对原定密机关、单位未予处理或者对作出的决定仍有异议的，按照下列规定办理： （一）确定为绝密级的事项和中央国家机关确定的机密级、秘密级的事项，报国家保密行政管理部门确定。	第二十六条　机关、单位对已**确定的国家秘密**事项是否属于国家秘密或者属于何种密级有不同意见的，可以向原定密机关、单位提出异议，由原定密机关、单位作出决定。 机关、单位对原定密机关、单位未予处理或者对作出的决定仍有异议的，按照下列规定办理： （一）确定为绝密级的事项和中央国家机关确定的机密级、秘密级的事项，报国家保密行政管理部门确定；

(续表)

中华人民共和国保守国家秘密法实施条例（2014年）	中华人民共和国保守国家秘密法实施条例（2024年）
（二）其他机关、单位确定的机密级、秘密级的事项，报省、自治区、直辖市保密行政管理部门确定；对省、自治区、直辖市保密行政管理部门作出的决定有异议的，可以报国家保密行政管理部门确定。 在原定密机关、单位或者保密行政管理部门作出决定前，对有关事项应当按照主张密级中的最高密级采取相应的保密措施。	（二）其他机关、单位确定的机密级、秘密级的事项，报省、自治区、直辖市保密行政管理部门确定；对省、自治区、直辖市保密行政管理部门作出的决定有异议的，可以报国家保密行政管理部门确定。 在原定密机关、单位或者保密行政管理部门作出决定前，对有关事项应当按照主张密级中的最高密级采取相应的保密措施。
第三章　保密制度	第三章　保密制度
第二十一条　国家秘密载体管理应当遵守下列规定： （一）制作国家秘密载体，应当由机关、单位或者**经保密行政管理部门保密审查合格**的单位承担，制作场所应当符合保密**要求**。 （二）收发国家秘密载体，应当履行清点、编号、登记、签收手续。 （三）传递国家秘密载体，应当通过机要交通、机要通信或者其他符合保密**要求**的方式进行。 （四）复制国家秘密载体或者摘录、引用、汇编属于国家秘密的内容，应当按照规定报批，不得擅自改变原件的密级、保密期限和知悉范围，复制件应当加盖复制机关、单位戳记，并视同原件进行管理。 （五）保存国家秘密载体的场所、设施、设备，应当符合国家保密**要求**。 （六）维修国家秘密载体，应当由本机关、本单位专门技术人员负责。确需外单位人员维修的，应当由本机关、本单位的人员现场监督；确需在本机关、本单位以外维修的，应当符合国家保密规定。 （七）携带国家秘密载体外出，应当符合国家保密规定，并采取可靠的保密措施。**携带国家秘密载体出境的，应当按照国家保密规定办理批准和携带手续。**	第二十七条　国家秘密载体管理应当遵守下列规定： （一）制作国家秘密载体，应当由**本机**关、**本单位**或者**取得国家秘密载体制作、复制资质**的单位承担，制作场所、**设备**应当符合**国家保密规定**； （二）收发国家秘密载体，应当履行清点、编号、登记、签收手续； （三）传递国家秘密载体，应当通过机要交通、机要通信或者其他符合**国家保密规定**的方式进行； （四）**阅读、使用国家秘密载体，应当在符合国家保密规定的场所进行；** （五）复制国家秘密载体或者摘录、引用、汇编属于国家秘密的内容，应当按照规定报批，不得擅自改变原件的密级、保密期限和知悉范围，复制件应当加盖复制机关、单位戳记，并视同原件进行管理； （六）保存国家秘密载体的场所、设施、设备，应当符合国家保密规定； （七）维修国家秘密载体，应当由本机关、本单位专门技术人员负责。确需外单位人员维修的，应当由本机关、本单位的人员现场监督。确需在本机关、本单位以外维修的，应当符合国家保密规定；

(续表)

中华人民共和国保守国家秘密法实施条例（2014年）	中华人民共和国保守国家秘密法实施条例（2024年）
	（八）携带国家秘密载体外出，应当符合国家保密规定，并采取可靠的保密措施。携带国家秘密载体出境，应当按照国家保密规定办理**审批**手续；
	（九）清退国家秘密载体，应当按照制发机关、单位要求办理。
第二十二条 销毁国家秘密载体应当符合国家保密规定和标准，确保销毁的国家秘密信息无法还原。 销毁国家秘密载体应当履行清点、登记、审批手续，并送交保密行政管理部门设立的**销毁**工作机构或者**保密行政管理部门**指定的单位销毁。机关、单位**确**因工作需要，自行销毁少量国家秘密载体的，应当使用符合国家保密标准的销毁设备和方法。	第二十八条 销毁国家秘密载体，应当符合国家保密规定和标准，确保销毁的国家秘密信息无法还原。 销毁国家秘密载体，应当履行清点、登记、审批手续，并送交保密行政管理部门设立的工作机构或者指定的单位销毁。机关、单位因工作需要，自行销毁少量国家秘密载体的，应当使用符合国家保密标准的销毁设备和方法。
	第二十九条 绝密级国家秘密载体管理还应当遵守下列规定： （一）收发绝密级国家秘密载体，应当指定专人负责； （二）传递、携带绝密级国家秘密载体，应当两人以上同行，所用包装应当符合国家保密规定； （三）阅读、使用绝密级国家秘密载体，应当在符合国家保密规定的指定场所进行； （四）禁止复制、下载、汇编、摘抄绝密级文件信息资料，确有工作需要的，应当征得原定密机关、单位或者其上级机关同意； （五）禁止将绝密级国家秘密载体携带出境，国家另有规定的从其规定。
	第三十条 机关、单位应当依法对密品的研制、生产、试验、运输、使用、保存、维修、销毁等进行管理。 机关、单位应当及时确定密品的密级和保密期限，严格控制密品的接触范围，对放置密品的场所、部位采取安全保密防范措施。

（续表）

中华人民共和国保守国家秘密法实施条例（2014年）	中华人民共和国保守国家秘密法实施条例（2024年）
	绝密级密品的研制、生产、维修应当在符合国家保密规定的封闭场所进行，并设置专门放置、保存场所。 密品的零件、部件、组件等物品，涉及国家秘密的，按照国家保密规定管理。
	第三十一条　机关、单位应当依法确定保密要害部门、部位，报同级保密行政管理部门确认，严格保密管理。
第二十三条　涉密信息系统按照涉密程度分为绝密级、机密级、秘密级。机关、单位应当根据涉密信息系统存储、处理信息的最高密级确定**系统的密级**，按照分级保护要求采取相应的安全保密防护措施。	第三十二条　涉密信息系统按照涉密程度分为绝密级、机密级、秘密级。机关、单位应当根据涉密信息系统存储、处理信息的最高密级确定**保护等**级，按照分级保护要求采取相应的安全保密防护措施。
第二十四条　涉密信息系统应当由国家保密行政管理部门设立或者授权的**保密测评**机构进行检测评估，并经设区的市、**自治州**级以上保密行政管理部门审查合格，方可投入使用。 公安、国家安全机关的涉密信息系统**投入使用的管理办法**，由国家保密行政管理部门会同国务院公安、国家安全部门**另行**规定。	第三十三条　涉密信息系统应当由国家保密行政管理部门设立或者授权的机构进行检测评估，并经设区的市级以上保密行政管理部门审查合格，方可投入使用。 公安**机关**、国家安全机关的涉密信息系统**测评审查工作按照**国家保密行政管理部门会同国务院公安、国家安全部门**制定的有关规定执行**。
第二十五条第一款　机关、单位应当加强**涉密信息系统**的运行使用管理，指定专门机构或者人员负责运行维护、安全保密管理和安全审计，定期开展安全保密检查和风险评估。	第三十四条　机关、单位应当加强信息系统、**信息设备**的运行**维护**、使用管理，指定专门机构或者人员负责运行维护、安全保密管理和安全审计，**按照国家保密规定建设保密自监管设施**，定期开展安全保密检查和风险评估，**配合保密行政管理部门排查预警事件，及时发现并处置安全保密风险隐患**。
第二十五条第二款　涉密信息系统的密级、**主要业务应用**、使用范围和使用环境等发生变化**或者**涉密信息系统不再使用的，应当按照国家保密规定及时向保密行政管理部门报告，**并采取相应措施**。	第三十五条　机关、单位应当按照国家保密规定，对绝密级信息系统每年至少开展一次安全保密风险评估，对机密级及以下信息系统每两年至少开展一次安全保密风险评估。机关、单位涉密信息系统的密级、使用范围和使用环境等发生变化可能产生新的安全保密风险隐患的，应当按照国家保密规定和标准采取相应防护措施，并开展安全保密风险评估。

（续表）

中华人民共和国保守国家秘密法实施条例（2014年）	中华人民共和国保守国家秘密法实施条例（2024年）
	涉密信息系统中使用的信息设备应当安全可靠，以无线方式接入涉密信息系统的，应当符合国家保密和密码管理规定、标准。 涉密信息系统不再使用的，应当按照国家保密规定和标准对相关保密设施、设备进行处理，并及时向相关保密行政管理部门备案。
	第三十六条　研制、生产、采购、配备用于保护国家秘密的安全保密产品和保密技术装备应当符合国家保密规定和标准。 国家鼓励研制生产单位根据保密工作需要，采用新技术、新方法、新工艺等创新安全保密产品和保密技术装备。
	第三十七条　研制生产单位应当为用于保护国家秘密的安全保密产品和保密技术装备持续提供维修维护服务，建立漏洞、缺陷发现和处理机制，不得在安全保密产品和保密技术装备中设置恶意程序。 研制生产单位可以向国家保密行政管理部门设立或者授权的机构申请对安全保密产品和保密技术装备进行检测，检测合格的，上述机构颁发合格证书。研制生产单位生产的安全保密产品和保密技术装备应当与送检样品一致。
	第三十八条　国家保密行政管理部门组织其设立或者授权的机构开展用于保护国家秘密的安全保密产品和保密技术装备抽检、复检，发现不符合国家保密规定和标准的，应当责令整改；存在重大缺陷或者重大泄密隐患的，应当责令采取停止销售、召回产品等补救措施，相关单位应当配合。
	第三十九条　网络运营者应当遵守保密法律法规和国家有关规定，建立保密违法行为投诉、举报、发现、处置制度，完善受理和处理工作机制，制定泄密应急预案。发生泄密事件时，网络运营者应当立即启动应急预案，采取补救措施，并向保密行政管理部门或者公安机关、国家安全机关报告。

（续表）

中华人民共和国保守国家秘密法实施条例（2014年）	中华人民共和国保守国家秘密法实施条例（2024年）
	第四十条　网络运营者对保密行政管理部门依法实施的保密违法案件调查和预警事件排查，应当予以配合。 　　省级以上保密行政管理部门在履行保密监督管理职责中，发现网络存在较大泄密隐患或者发生泄密事件的，可以按照规定权限和程序对该网络运营者的法定代表人或者主要负责人进行约谈，督促其及时整改，消除隐患。
	第四十一条　机关、单位应当加强对互联网使用的保密管理。机关、单位工作人员使用智能终端产品等应当符合国家保密规定，不得违反有关规定使用非涉密信息系统、信息设备存储、处理、传输国家秘密。
	第四十二条　机关、单位应当健全信息公开保密审查工作机制，明确审查机构，规范审查程序，按照先审查、后公开的原则，对拟公开的信息逐项进行保密审查。
	第四十三条　机关、单位应当承担涉密数据安全保护责任，涉密数据收集、存储、使用、加工、传输、提供等处理活动应当符合国家保密规定。 　　省级以上保密行政管理部门应当会同有关部门建立动态监测、综合评估等安全保密防控机制，指导机关、单位落实安全保密防控措施，防范数据汇聚、关联引发的泄密风险。 　　机关、单位应当对汇聚、关联后属于国家秘密事项的数据依法加强安全管理，落实安全保密防控措施。
	第四十四条　机关、单位向境外或者向境外在中国境内设立的组织、机构提供国家秘密，任用、聘用的境外人员因工作需要知悉国家秘密的，应当按照国家保密规定办理，进行审查评估，签订保密协议，督促落实保密管理要求。

(续表)

中华人民共和国保守国家秘密法实施条例（2014年）	中华人民共和国保守国家秘密法实施条例（2024年）
第二十七条　举办会议或者其他活动涉及国家秘密的，主办单位应当采取下列保密措施： （一）根据会议、活动的内容确定密级，制定保密方案，限定参加人员范围； （二）使用符合国家保密规定和标准的场所、设施、设备； （三）按照国家保密规定管理国家秘密载体； （四）对参加人员提出具体保密要求。	第四十五条　举办会议或者其他活动涉及国家秘密的，主办单位应当采取下列保密措施，**承办、参加单位和人员应当配合**： （一）根据会议、活动的内容确定密级，制定保密方案，限定参加人员**和工作人员**范围； （二）使用符合国家保密规定和标准的场所、设施、设备，**采取必要保密技术防护等措施**； （三）按照国家保密规定管理国家秘密载体； （四）对参加人员**和工作人员进行身份核实和保密教育**，提出具体保密要求； （五）**保密法律法规和国家保密规定要求的其他措施。** **通过电视、电话、网络等方式举办会议或者其他活动涉及国家秘密的，还应当符合国家有关保密标准。**
	第四十六条　保密行政管理部门及其他主管部门应当加强对涉密军事设施及其他重要涉密单位周边区域保密管理工作的指导和监督，建立协调机制，加强军地协作，组织督促整改，有关机关、单位应当配合，及时发现并消除安全保密风险隐患。
第二十九条　从事涉密业务的企业事业单位应当<u>具备</u>下列条件： （一）在中华人民共和国境内依法成立<u>3年以上的法人，无违法犯罪记录</u>； （二）从事涉密业务的人员具有中华人民共和国国籍； （三）保密制度完善，有专门的机构或者人员负责保密工作； （四）用于涉密业务的场所、设施、设备符合国家保密规定和标准； （五）具有从事涉密业务的专业能力；	第四十七条　从事**涉及国家秘密业务（以下简称涉密业务）**的企业事业单位应当**符合**下列条件： （一）在中华人民共和国境内依法成立**1年以上的法人，国家另有规定的从其规定**； （二）**无犯罪记录，近1年内未发生泄密案件**； （三）从事涉密业务的人员具有中华人民共和国国籍，**国家另有规定的从其规定**； （四）保密制度完善，有专门的机构或者人员负责保密工作；

(续表)

中华人民共和国保守国家秘密法实施条例（2014年）	中华人民共和国保守国家秘密法实施条例（2024年）
（六）法律、行政法规和国家保密行政管理部门规定的其他条件。	（五）用于涉密业务的场所、设施、设备符合国家保密规定和标准； （六）具有从事涉密业务的专业能力； （七）保密法律法规和国家保密规定要求的其他条件。
第二十八条　企业事业单位从事国家秘密载体制作、复制、维修、销毁，涉密信息系统集成或者武器装备科研生产等涉及国家秘密的业务（以下简称涉密业务），应当由保密行政管理部门或者保密行政管理部门会同有关部门进行保密审查。保密审查不合格的，不得从事涉密业务。	第四十八条　从事国家秘密载体制作、复制、维修、销毁，涉密信息系统集成，武器装备科研生产，或者涉密军事设施建设等涉密业务的企业事业单位，应当由保密行政管理部门单独或者会同有关部门进行保密审查，取得保密资质。 取得保密资质的企业事业单位，不得有下列行为： （一）超出保密资质业务种类范围承担其他需要取得保密资质的业务； （二）变造、出卖、出租、出借保密资质证书； （三）将涉密业务转包给其他单位或者分包给无相应保密资质的单位； （四）其他违反保密法律法规和国家保密规定的行为。 取得保密资质的企业事业单位实行年度自检制度，应当每年向作出准予行政许可决定的保密行政管理部门报送上一年度自检报告。
第二十六条　机关、单位采购涉及国家秘密的工程、货物和服务的，应当根据国家保密规定确定密级，并符合国家保密规定和标准。机关、单位应当对提供工程、货物和服务的单位提出保密管理要求，并与其签订保密协议。 政府采购监督管理部门、保密行政管理部门应当依法加强对涉及国家秘密的工程、货物和服务采购的监督管理。	第四十九条　机关、单位采购涉及国家秘密的工程、货物、服务，或者委托企业事业单位从事涉密业务，应当根据国家保密规定确定密级，并符合国家保密规定和标准。机关、单位应当与有关单位、个人签订保密协议，提出保密要求，采取保密措施，实施全过程管理。 机关、单位采购或者委托企业事业单位从事本条例第四十八条第一款规定的涉密业务的，应当核验承担单位的保密资质。采购或者委托企业事业单位从事其他涉密业务的，应当核查参与单位的业务能力和保密管理能力。

（续表）

中华人民共和国保守国家秘密法实施条例（2014年）	中华人民共和国保守国家秘密法实施条例（2024年）
	政府采购监督管理部门、保密行政管理部门应当依法加强对涉及国家秘密的工程、货物、服务采购**或者其他委托开展涉密业务**的监督管理。
第三十条　涉密人员的分类管理、任（聘）用审查、脱密期管理、权益保障等具体办法，由国家保密行政管理部门会同国务院有关主管部门制定。	第五十条　机关、单位应当依法确定涉密岗位，对拟任用、聘用到涉密岗位工作的人员进行上岗前保密审查，确认其是否具备在涉密岗位工作的条件和能力。未通过保密审查的，不得任用、聘用到涉密岗位工作。 机关、单位组织人事部门负责组织实施保密审查时，拟任用、聘用到涉密岗位工作的人员应当如实提供有关情况；需要其原工作、学习单位以及居住地有关部门和人员配合的，相关单位、部门和人员应当配合。必要时，公安机关、国家安全机关依申请协助审查。 机关、单位组织人事部门应当定期组织复审，确保涉密人员符合涉密岗位工作要求。
	第五十一条　涉密人员应当遵守保密法律法规和本机关、本单位保密制度，严格遵守保密纪律、履行保密承诺，接受保密管理，不得以任何方式泄露国家秘密。
	第五十二条　机关、单位组织人事部门会同保密工作机构负责涉密人员保密管理工作。机关、单位保密工作机构应当对涉密人员履行保密责任情况开展经常性的监督检查，会同组织人事部门加强保密教育培训。 涉密人员出境，由机关、单位组织人事部门和保密工作机构提出意见，按照人事、外事审批权限审批。涉密人员出境应当经过保密教育培训，及时报告在境外相关情况。

(续表)

中华人民共和国保守国家秘密法实施条例（2014年）	中华人民共和国保守国家秘密法实施条例（2024年）
	第五十三条　涉密人员离岗离职应当遵守有关法律法规规定；离岗离职前，应当接受保密提醒谈话，签订离岗离职保密承诺书。机关、单位应当开展保密教育提醒，清退国家秘密载体、涉密设备，取消涉密信息系统访问权限，确定脱密期期限。涉密人员在脱密期内就业、出境应当遵守国家保密规定。涉密人员不得利用知悉的国家秘密为有关组织、个人提供服务或者谋取利益。
	第五十四条　涉密人员擅自离职或者脱密期内严重违反国家保密规定的，机关、单位应当及时报告同级保密行政管理部门，由保密行政管理部门会同有关部门依法采取处置措施。
	第五十五条　机关、单位应当建立健全涉密人员权益保障制度，按照国家有关规定给予因履行保密义务导致合法权益受到影响和限制的人员相应待遇或者补偿。
第四章　监督管理	第四章　监督管理
第三十一条　机关、单位应当向同级保密行政管理部门报送本机关、本单位年度保密工作情况。下级保密行政管理部门应当向上级保密行政管理部门报送本行政区域年度保密工作情况。	第五十六条　机关、单位应当向同级保密行政管理部门报送本机关、本单位年度保密工作情况。下级保密行政管理部门应当向上级保密行政管理部门报送本行政区域年度保密工作情况。
	第五十七条　国家建立和完善保密标准体系。国家保密行政管理部门依照法律、行政法规的规定制定国家保密标准；相关学会、协会等社会团体可以制定团体标准；相关企业可以制定企业标准。
第三十二条　保密行政管理部门依法对机关、单位执行保密法律法规的下列情况进行检查： （一）保密工作责任制落实情况；	第五十八条　机关、单位应当对遵守保密法律法规和相关制度情况开展自查自评。保密行政管理部门依法对下列情况进行检查： （一）保密工作责任制落实情况；

(续表)

中华人民共和国保守国家秘密法实施条例（2014年）	中华人民共和国保守国家秘密法实施条例（2024年）
（二）保密制度建设情况； （三）保密宣传教育培训情况； （四）涉密人员管理情况； （五）国家秘密确定、变更和解除情况； （六）国家秘密载体管理情况； （七）信息系统和信息设备保密管理情况； （八）互联网使用保密管理情况； （九）保密技术防护设施设备配备使用情况； （十）涉密场所及保密要害部门、部位管理情况； （十一）涉密会议、活动管理情况； （十二）信息公开保密审查情况。	（二）保密制度建设情况； （三）保密宣传教育培训情况； （四）涉密人员**保密**管理情况； （五）国家秘密确定、变更、解除情况； （六）国家秘密载体管理情况； （七）信息系统和信息设备保密管理情况； （八）互联网使用保密管理情况； （九）涉密场所及保密要害部门、部位管理情况； （十）**采购涉及国家秘密的工程、货物、服务，或者委托企业事业单位从事涉密业务管理情况**； （十一）**涉及国家秘**密会议、活动管理情况； （十二）信息公开保密审查情况； （十三）**其他遵守保密法律法规和相关制度的情况**。
第三十三条　保密行政管理部门在保密检查过程中，发现有泄密隐患的，可以查阅有关材料、询问人员、记录情况；对有关设施、设备、文件资料等可以依法先行登记保存，必要时进行保密技术检测。有关机关、单位及其工作人员对保密检查应当予以配合。 　　保密行政管理部门实施检查后，应当出具检查意见，对需要整改的，应当明确整改内容和期限。	第五十九条　保密行政管理部门**依法开展**保密检查**和案件调查处理**，查阅有关材料、询问人员、记录情况，对有关设施、设备、文件资料等登记保存，进行保密技术检测，**应当遵守国家有关规定和程序**。 　　有关机关、单位**和个人应当配合保密行政管理部门依法履行职责，如实反映情况，提供必要资料，不得弄虚作假，隐匿、销毁证据，或者以其他方式逃避、妨碍保密监督管理**。 　　保密行政管理部门实施**保密**检查后，应当出具检查意见，对需要整改的，应当明确整改内容和期限，**并在一定范围内通报检查结果**。

(续表)

中华人民共和国保守国家秘密法实施条例（2014年）	中华人民共和国保守国家秘密法实施条例（2024年）
第三十五条　保密行政管理部门对公民举报、机关和单位报告、保密检查发现、有关部门移送的涉嫌泄露国家秘密的线索和案件，应当依法及时调查或者组织、督促有关机关、单位调查处理。调查工作结束后，认为有违反保密法律法规的事实，需要追究责任的，保密行政管理部门可以向有关机关、单位提出处理建议。有关机关、单位应当及时将处理结果书面告知同级保密行政管理部门。	第六十条　保密行政管理部门对涉嫌保密违法的线索和案件，应当依法及时调查处理或者组织、督促有关机关、单位调查处理；发现需要采取补救措施的，应当立即责令有关机关、单位和人员停止违法行为，采取有效补救措施。调查工作结束后，有违反保密法律法规的事实，需要追究责任的，保密行政管理部门应当依法作出行政处罚决定或者提出处理建议；涉嫌犯罪的，应当依法移送监察机关、司法机关处理。有关机关、单位应当及时将处理结果书面告知同级保密行政管理部门。
第三十四条　机关、单位发现国家秘密已经泄露或者可能泄露的，应当立即采取补救措施，并在24小时内向同级保密行政管理部门和上级主管部门报告。 　　地方各级保密行政管理部门接到泄密报告的，应当在24小时内逐级报至国家保密行政管理部门。	第六十一条　机关、单位发现国家秘密已经泄露或者可能泄露的，应当立即采取补救措施，并在24小时内向同级保密行政管理部门和上级主管部门报告。 　　地方各级保密行政管理部门接到泄密报告的，应当在24小时内逐级报至国家保密行政管理部门。 　　保密行政管理部门依法受理公民对涉嫌保密违法线索的举报，并保护举报人的合法权益。
第三十六条　保密行政管理部门收缴非法获取、持有的国家秘密载体，应当进行登记并出具清单，查清密级、数量、来源、扩散范围等，并采取相应的保密措施。 　　保密行政管理部门可以提请公安、工商行政管理等有关部门协助收缴非法获取、持有的国家秘密载体，有关部门应当予以配合。	第六十二条　保密行政管理部门收缴非法获取、持有的国家秘密载体，应当进行登记并出具清单，查清密级、数量、来源、扩散范围等，并采取相应的保密措施。 　　保密行政管理部门可以提请公安、市场监督管理等有关部门协助收缴非法获取、持有的国家秘密载体，有关部门应当予以配合。
第三十七条　国家保密行政管理部门或者省、自治区、直辖市保密行政管理部门应当依据保密法律法规和保密事项范围，对办理涉嫌泄露国家秘密案件的机关提出鉴定的事项是否属于国家秘密、属于何种密级作出鉴定。	第六十三条　办理涉嫌泄密案件的地方各级监察机关、司法机关申请国家秘密和情报鉴定的，向所在省、自治区、直辖市保密行政管理部门提出；办理涉嫌泄密案件的中央一级监察机关、司法机关申请国家秘密和情报鉴定的，向国家保密行政管理部门提出。

(续表)

中华人民共和国保守国家秘密法实施条例（2014年）	中华人民共和国保守国家秘密法实施条例（2024年）
保密行政管理部门受理鉴定申请后，应当自受理之日起30日内出具鉴定结论；不能按期出具鉴定结论的，经保密行政管理部门负责人批准，可以延长30日。	国家秘密和情报鉴定应当根据保密法律法规和保密事项范围等进行。保密行政管理部门受理鉴定申请后，应当自受理之日起30日内出具鉴定结论；不能按期出具的，经保密行政管理部门负责人批准，可以延长30日。专家咨询等时间不计入鉴定办理期限。
	第六十四条 设区的市级以上保密行政管理部门应当建立监测预警制度，分析研判保密工作有关情况，配备监测预警设施和相应工作力量，发现、识别、处置安全保密风险隐患，及时发出预警通报。
	第六十五条 保密行政管理部门和其他相关部门应当在保密工作中加强协调配合，及时通报情况。
第三十八条 保密行政管理部门及其工作人员应当按照法定的职权和程序开展保密审查、保密检查和泄露国家秘密案件查处工作，做到科学、公正、严格、高效，不得利用职权谋取利益。	第六十六条 保密行政管理部门及其工作人员应当按照法定的职权和程序开展工作，做到严格规范公正文明执法，依法接受监督。
第五章 法律责任	第五章 法律责任
第三十九条 机关、单位发生泄露国家秘密案件不按照规定报告或者未采取补救措施的，对直接负责的主管人员和其他直接责任人员依法给予处分。 第四十二条 涉密信息系统未按照规定进行检测评估和审查而投入使用的，由保密行政管理部门责令改正，并建议有关机关、单位对直接负责的主管人员和其他直接责任人员依法给予处分。 第四十三条 机关、单位委托未经保密审查的单位从事涉密业务的，由有关机关、单位对直接负责的主管人员和其他直接责任人员依法给予处分。 未经保密审查的单位从事涉密业务的，由保密行政管理部门责令停止违法行为；有违法所得的，由工商行政管理部门没收违法所得。	第六十七条 机关、单位违反保密法律法规发生泄密案件，有下列情形之一的，根据情节轻重，对直接负责的主管人员和其他直接责任人员依法给予处分；构成犯罪的，依法追究刑事责任： （一）未落实保密工作责任制的； （二）未依法确定、变更或者解除国家秘密的； （三）未按照要求对涉密场所以及保密要害部门、部位进行防护或者管理的； （四）涉密信息系统未按照规定进行测评审查而投入使用，经责令整改仍不改正的； （五）未经保密审查或者保密审查不严，公开国家秘密的； （六）委托不具备从事涉密业务条件的单位从事涉密业务的；

(续表)

中华人民共和国保守国家秘密法实施条例（2014年）	中华人民共和国保守国家秘密法实施条例（2024年）
	（七）违反涉密人员保密管理规定的； （八）发生泄密案件未按照规定报告或者未及时采取补救措施的； （九）未依法履行涉密数据安全管理责任的； （十）其他违反保密法律法规的情形。 有前款情形尚不构成犯罪，且不适用处分的人员，由保密行政管理部门督促其主管部门予以处理。
第四十条　在保密检查或者泄露国家秘密案件查处中，有关机关、单位及其工作人员拒不配合，弄虚作假，隐匿、销毁证据，或者以其他方式逃避、妨碍保密检查或泄露国家秘密案件查处的，对直接负责的主管人员和其他直接责任人员依法给予处分。 企业事业单位及其工作人员协助机关、单位逃避、妨碍保密检查或者泄露国家秘密案件查处的，由有关主管部门依法予以处罚。	第六十八条　在保密检查或者保密违法案件调查处理中，有关机关、单位及其工作人员拒不配合，弄虚作假，隐匿、销毁证据，或者以其他方式逃避、妨碍保密检查或者保密违法案件调查处理的，对直接负责的主管人员和其他直接责任人员依法给予处分；不适用处分的人员，由保密行政管理部门督促其主管部门予以处理。 企业事业单位及其工作人员协助机关、单位逃避、妨碍保密检查或者保密违法案件调查处理的，由有关主管部门依法予以处罚。
	第六十九条　网络运营者违反保密法律法规，有下列情形之一的，由保密行政管理等部门按照各自职责分工责令限期整改，给予警告或者通报批评；情节严重的，处5万元以上50万元以下罚款，对直接负责的主管人员和其他直接责任人员处1万元以上10万元以下罚款： （一）发生泄密事件，未依法采取补救措施的； （二）未依法配合保密行政管理部门实施保密违法案件调查、预警事件排查的。

(续表)

中华人民共和国保守国家秘密法实施条例（2014年）	中华人民共和国保守国家秘密法实施条例（2024年）
	第七十条　用于保护国家秘密的安全保密产品和保密技术装备不符合国家保密规定和标准，有下列情形之一的，由保密行政管理等部门对研制生产单位给予警告或者通报批评，责令有关检测机构取消合格证书；有违法所得的，没收违法所得： （一）研制生产单位拒不整改或者整改后仍不符合国家保密规定和标准的； （二）安全保密产品和保密技术装备存在重大缺陷或者重大泄密隐患的； （三）造成国家秘密泄露的； （四）其他严重危害国家秘密安全的。
第四十一条　经保密审查合格的企业事业单位违反保密管理规定的，由保密行政管理部门责令限期整改，逾期不改或者整改后仍不符合要求的，暂停涉密业务；情节严重的，停止涉密业务。	第七十一条　从事涉密业务的企业事业单位违反保密法律法规及国家保密规定的，由保密行政管理部门责令限期整改，给予警告或者通报批评；有违法所得的，没收违法所得。 取得保密资质的企业事业单位，有下列情形之一的，并处暂停涉密业务、降低资质等级： （一）超出保密资质业务种类范围承担其他需要取得保密资质业务的； （二）未按照保密行政管理部门要求时限完成整改或者整改后仍不符合保密法律法规及国家保密规定的； （三）其他违反保密法律法规及国家保密规定，存在重大泄密隐患的。 取得保密资质的企业事业单位，有下列情形之一的，并处吊销保密资质： （一）变造、出卖、出租、出借保密资质证书的； （二）将涉密业务转包给其他单位或者分包给无相应保密资质单位的； （三）发现国家秘密已经泄露或者可能泄露，未立即采取补救措施或者未按照规定时限报告的；

(续表)

中华人民共和国保守国家秘密法实施条例（2014年）	中华人民共和国保守国家秘密法实施条例（2024年）
	（四）拒绝、逃避、妨碍保密检查的； （五）暂停涉密业务期间承接新的涉密业务的； （六）暂停涉密业务期满仍不符合保密法律法规及国家保密规定的； （七）发生重大泄密案件的； （八）其他严重违反保密法律法规及国家保密规定行为的。
第四十四条　保密行政管理部门未依法履行职责，或者滥用职权、玩忽职守、徇私舞弊的，对直接负责的主管人员和其他直接责任人员依法给予处分；构成犯罪的，依法追究刑事责任。	第七十二条　保密行政管理部门未依法履行职责，或者滥用职权、玩忽职守、徇私舞弊的，对直接负责的主管人员和其他直接责任人员依法给予处分；构成犯罪的，依法追究刑事责任。
第六章　附　　则	第六章　附　　则
	第七十三条　中央国家机关应当结合工作实际制定本行业、本领域工作秘密事项具体范围，报国家保密行政管理部门备案。 机关、单位应当加强本机关、本单位工作秘密管理，采取技术防护、自监管等保护措施。违反有关规定造成工作秘密泄露，情节严重的，对直接负责的主管人员和其他直接责任人员依法给予处分。
第四十五条　本条例自2014年3月1日起施行。1990年4月25日国务院批准、1990年5月25日国家保密局发布的《中华人民共和国保守国家秘密法实施办法》同时废止。	第七十四条　本条例自2024年9月1日起施行。

附录二

中华人民共和国宪法（节选）

(1982年12月4日第五届全国人民代表大会第五次会议通过
1982年12月4日全国人民代表大会公告公布施行
根据1988年4月12日第七届全国人民代表大会第一次会议通过的
《中华人民共和国宪法修正案》、1993年3月29日第八届全国人民代表大会
第一次会议通过的《中华人民共和国宪法修正案》、1999年3月15日
第九届全国人民代表大会第二次会议通过的《中华人民共和国宪法修正案》、
2004年3月14日第十届全国人民代表大会第二次会议通过的《中华人民共和国
宪法修正案》和2018年3月11日第十三届全国人民代表大会第一次会议通过的
《中华人民共和国宪法修正案》修正)

第二章 公民的基本权利和义务

第五十三条 中华人民共和国公民必须遵守宪法和法律，保守国家秘密，爱护公共财产，遵守劳动纪律，遵守公共秩序，尊重社会公德。

第三章 国家机构

第七十六条 全国人民代表大会代表必须模范地遵守宪法和法律，保守国家秘密，并且在自己参加的生产、工作和社会活动中，

协助宪法和法律的实施。

全国人民代表大会代表应当同原选举单位和人民保持密切的联系，听取和反映人民的意见和要求，努力为人民服务。

中华人民共和国保守国家秘密法

(1988年9月5日第七届全国人民代表大会常务委员会第三次会议通过 2010年4月29日第十一届全国人民代表大会常务委员会第十四次会议第一次修订 2024年2月27日第十四届全国人民代表大会常务委员会第八次会议第二次修订 2024年2月27日中华人民共和国主席令第二十号公布)

目 录

第一章 总 则
第二章 国家秘密的范围和密级
第三章 保密制度
第四章 监督管理
第五章 法律责任
第六章 附 则

第一章 总 则

第一条 为了保守国家秘密，维护国家安全和利益，保障改革开放和社会主义现代化建设事业的顺利进行，根据宪法，制定本法。

第二条 国家秘密是关系国家安全和利益，依照法定程序确定，在一定时间内只限一定范围的人员知悉的事项。

第三条 坚持中国共产党对保守国家秘密（以下简称保密）工作的领导。中央保密工作领导机构领导全国保密工作，研究制定、指导实施国家保密工作战略和重大方针政策，统筹协调国家保密重大事项和重要工作，推进国家保密法治建设。

第四条 保密工作坚持总体国家安全观，遵循党管保密、依法管理，积极防范、突出重点，技管并重、创新发展的原则，既确保国家秘密安全，又便利信息资源合理利用。

法律、行政法规规定公开的事项，应当依法公开。

第五条 国家秘密受法律保护。

一切国家机关和武装力量、各政党和各人民团体、企业事业组织和其他社会组织以及公民都有保密的义务。

任何危害国家秘密安全的行为，都必须受到法律追究。

第六条 国家保密行政管理部门主管全国的保密工作。县级以上地方各级保密行政管理部门主管本行政区域的保密工作。

第七条 国家机关和涉及国家秘密的单位（以下简称机关、单位）管理本机关和本单位的保密工作。

中央国家机关在其职权范围内管理或者指导本系统的保密工作。

第八条 机关、单位应当实行保密工作责任制，依法设置保密工作机构或者指定专人负责保密工作，健全保密管理制度，完善保密防护措施，开展保密宣传教育，加强保密监督检查。

第九条 国家采取多种形式加强保密宣传教育，将保密教育纳入国民教育体系和公务员教育培训体系，鼓励大众传播媒介面向社会进行保密宣传教育，普及保密知识，宣传保密法治，增强全社会的保密意识。

第十条 国家鼓励和支持保密科学技术研究和应用，提升自主创新能力，依法保护保密领域的知识产权。

第十一条 县级以上人民政府应当将保密工作纳入本级国民经济和社会发展规划，所需经费列入本级预算。

机关、单位开展保密工作所需经费应当列入本机关、本单位年度预算或者年度收支计划。

第十二条 国家加强保密人才培养和队伍建设，完善相关激励保障机制。

对在保守、保护国家秘密工作中做出突出贡献的组织和个人，按照国家有关规定给予表彰和奖励。

第二章 国家秘密的范围和密级

第十三条 下列涉及国家安全和利益的事项，泄露后可能损害国家在政治、经济、国防、外交等领域的安全和利益的，应当确定为国家秘密：

（一）国家事务重大决策中的秘密事项；

（二）国防建设和武装力量活动中的秘密事项；

（三）外交和外事活动中的秘密事项以及对外承担保密义务的秘密事项；

（四）国民经济和社会发展中的秘密事项；

（五）科学技术中的秘密事项；

（六）维护国家安全活动和追查刑事犯罪中的秘密事项；

（七）经国家保密行政管理部门确定的其他秘密事项。

政党的秘密事项中符合前款规定的，属于国家秘密。

第十四条 国家秘密的密级分为绝密、机密、秘密三级。

绝密级国家秘密是最重要的国家秘密，泄露会使国家安全和利益遭受特别严重的损害；机密级国家秘密是重要的国家秘密，泄露会使国家安全和利益遭受严重的损害；秘密级国家秘密是一般的国家秘密，泄露会使国家安全和利益遭受损害。

第十五条 国家秘密及其密级的具体范围（以下简称保密事项范围），由国家保密行政管理部门单独或者会同有关中央国家机关规定。

军事方面的保密事项范围，由中央军事委员会规定。

保密事项范围的确定应当遵循必要、合理原则，科学论证评估，并根据情况变化及时调整。保密事项范围的规定应当在有关范围内公布。

第十六条 机关、单位主要负责人及其指定的人员为定密责任人，负责本机关、本单位的国家秘密确定、变更和解除工作。

机关、单位确定、变更和解除本机关、本单位的国家秘密，应当由承办人提出具体意见，经定密责任人审核批准。

第十七条 确定国家秘密的密级，应当遵守定密权限。

中央国家机关、省级机关及其授权的机关、单位可以确定绝密级、机密级和秘密级国家秘密；设区的市级机关及其授权的机关、单位可以确定机密级和秘密级国家秘密；特殊情况下无法按照上述规定授权定密的，国家保密行政管理部门或者省、自治区、直辖市保密行政管理部门可以授予机关、单位定密权限。具体的定密权限、授权范围由国家保密行政管理部门规定。

下级机关、单位认为本机关、本单位产生的有关定密事项属于上级机关、单位的定密权限，应当先行采取保密措施，并立即报请上级机关、单位确定；没有上级机关、单位的，应当立即提请有相应定密权限的业务主管部门或者保密行政管理部门确定。

公安机关、国家安全机关在其工作范围内按照规定的权限确定国家秘密的密级。

第十八条 机关、单位执行上级确定的国家秘密事项或者办理其他机关、单位确定的国家秘密事项，需要派生定密的，应当根据所执行、办理的国家秘密事项的密级确定。

第十九条 机关、单位对所产生的国家秘密事项，应当按照保密事项范围的规定确定密级，同时确定保密期限和知悉范围；有条件的可以标注密点。

第二十条 国家秘密的保密期限，应当根据事项的性质和特点，按照维护国家安全和利益的需要，限定在必要的期限内；不能确定期限的，应当确定解密的条件。

国家秘密的保密期限，除另有规定外，绝密级不超过三十年，机密级不超过二十年，秘密级不超过十年。

机关、单位应当根据工作需要，确定具体的保密期限、解密时间或者解密条件。

机关、单位对在决定和处理有关事项工作过程中确定需要保密的事项，根据工作需要决定公开的，正式公布时即视为解密。

第二十一条 国家秘密的知悉范围，应当根据工作需要限定在最小范围。

国家秘密的知悉范围能够限定到具体人员的，限定到具体人员；不能限定到具体人员的，限定到机关、单位，由该机关、单位限定到具体人员。

国家秘密的知悉范围以外的人员，因工作需要知悉国家秘密的，应当经过机关、单位主要负责人或者其指定的人员批准。原定密机关、单位对扩大国家秘密的知悉范围有明确规定的，应当遵守其规定。

第二十二条 机关、单位对承载国家秘密的纸介质、光介质、电磁介质等载体（以下简称国家秘密载体）以及属于国家秘密的设备、产品，应当作出国家秘密标志。

涉及国家秘密的电子文件应当按照国家有关规定作出国家秘密标志。

不属于国家秘密的，不得作出国家秘密标志。

第二十三条 国家秘密的密级、保密期限和知悉范围，应当根据情况变化及时变更。国家秘密的密级、保密期限和知悉范围的变更，由原定密机关、单位决定，也可以由其上级机关决定。

国家秘密的密级、保密期限和知悉范围变更的，应当及时书面通知知悉范围内的机关、单位或者人员。

第二十四条 机关、单位应当每年审核所确定的国家秘密。

国家秘密的保密期限已满的，自行解密。在保密期限内因保密事项范围调整不再作为国家秘密，或者公开后不会损害国家安全和利益，不需要继续保密的，应当及时解密；需要延长保密期限的，应当在原保密期限届满前重新确定密级、保密期限和知悉范围。提前解密或者延长保密期限的，由原定密机关、单位决定，也可以由其上级机关决定。

第二十五条 机关、单位对是否属于国家秘密或者属于何种密级不明确或者有争议的,由国家保密行政管理部门或者省、自治区、直辖市保密行政管理部门按照国家保密规定确定。

第三章 保密制度

第二十六条 国家秘密载体的制作、收发、传递、使用、复制、保存、维修和销毁,应当符合国家保密规定。

绝密级国家秘密载体应当在符合国家保密标准的设施、设备中保存,并指定专人管理;未经原定密机关、单位或者其上级机关批准,不得复制和摘抄;收发、传递和外出携带,应当指定人员负责,并采取必要的安全措施。

第二十七条 属于国家秘密的设备、产品的研制、生产、运输、使用、保存、维修和销毁,应当符合国家保密规定。

第二十八条 机关、单位应当加强对国家秘密载体的管理,任何组织和个人不得有下列行为:

(一)非法获取、持有国家秘密载体;

(二)买卖、转送或者私自销毁国家秘密载体;

(三)通过普通邮政、快递等无保密措施的渠道传递国家秘密载体;

(四)寄递、托运国家秘密载体出境;

(五)未经有关主管部门批准,携带、传递国家秘密载体出境;

(六)其他违反国家秘密载体保密规定的行为。

第二十九条 禁止非法复制、记录、存储国家秘密。

禁止未按照国家保密规定和标准采取有效保密措施,在互联网及其他公共信息网络或者有线和无线通信中传递国家秘密。

禁止在私人交往和通信中涉及国家秘密。

第三十条 存储、处理国家秘密的计算机信息系统（以下简称涉密信息系统）按照涉密程度实行分级保护。

涉密信息系统应当按照国家保密规定和标准规划、建设、运行、维护，并配备保密设施、设备。保密设施、设备应当与涉密信息系统同步规划、同步建设、同步运行。

涉密信息系统应当按照规定，经检查合格后，方可投入使用，并定期开展风险评估。

第三十一条 机关、单位应当加强对信息系统、信息设备的保密管理，建设保密自监管设施，及时发现并处置安全保密风险隐患。任何组织和个人不得有下列行为：

（一）未按照国家保密规定和标准采取有效保密措施，将涉密信息系统、涉密信息设备接入互联网及其他公共信息网络；

（二）未按照国家保密规定和标准采取有效保密措施，在涉密信息系统、涉密信息设备与互联网及其他公共信息网络之间进行信息交换；

（三）使用非涉密信息系统、非涉密信息设备存储或者处理国家秘密；

（四）擅自卸载、修改涉密信息系统的安全技术程序、管理程序；

（五）将未经安全技术处理的退出使用的涉密信息设备赠送、出售、丢弃或者改作其他用途；

（六）其他违反信息系统、信息设备保密规定的行为。

第三十二条 用于保护国家秘密的安全保密产品和保密技术装备应当符合国家保密规定和标准。

国家建立安全保密产品和保密技术装备抽检、复检制度，由国家保密行政管理部门设立或者授权的机构进行检测。

第三十三条 报刊、图书、音像制品、电子出版物的编辑、出版、印制、发行，广播节目、电视节目、电影的制作和播放，网络信息的制作、复制、发布、传播，应当遵守国家保密规定。

第三十四条 网络运营者应当加强对其用户发布的信息的管理，配合监察机关、保密行政管理部门、公安机关、国家安全机关对涉嫌泄露国家秘密案件进行调查处理；发现利用互联网及其他公共信息网络发布的信息涉嫌泄露国家秘密的，应当立即停止传输该信息，保存有关记录，向保密行政管理部门或者公安机关、国家安全机关报告；应当根据保密行政管理部门或者公安机关、国家安全机关的要求，删除涉及泄露国家秘密的信息，并对有关设备进行技术处理。

第三十五条 机关、单位应当依法对拟公开的信息进行保密审查，遵守国家保密规定。

第三十六条 开展涉及国家秘密的数据处理活动及其安全监管应当符合国家保密规定。

国家保密行政管理部门和省、自治区、直辖市保密行政管理部门会同有关主管部门建立安全保密防控机制，采取安全保密防控措施，防范数据汇聚、关联引发的泄密风险。

机关、单位应当对汇聚、关联后属于国家秘密事项的数据依法加强安全管理。

第三十七条 机关、单位向境外或者向境外在中国境内设立的组织、机构提供国家秘密，任用、聘用的境外人员因工作需要知悉国家秘密的，按照国家有关规定办理。

第三十八条 举办会议或者其他活动涉及国家秘密的，主办单位应当采取保密措施，并对参加人员进行保密教育，提出具体保密要求。

第三十九条 机关、单位应当将涉及绝密级或者较多机密级、秘密级国家秘密的机构确定为保密要害部门，将集中制作、存放、保管国家秘密载体的专门场所确定为保密要害部位，按照国家保密规定和标准配备、使用必要的技术防护设施、设备。

第四十条 军事禁区、军事管理区和属于国家秘密不对外开放的其他场所、部位，应当采取保密措施，未经有关部门批准，不得擅自决定对外开放或者扩大开放范围。

涉密军事设施及其他重要涉密单位周边区域应当按照国家保密规定加强保密管理。

第四十一条 从事涉及国家秘密业务的企业事业单位，应当具备相应的保密管理能力，遵守国家保密规定。

从事国家秘密载体制作、复制、维修、销毁，涉密信息系统集成，武器装备科研生产，或者涉密军事设施建设等涉及国家秘密业务的企业事业单位，应当经过审查批准，取得保密资质。

第四十二条 采购涉及国家秘密的货物、服务的机关、单位，直接涉及国家秘密的工程建设、设计、施工、监理等单位，应当遵守国家保密规定。

机关、单位委托企业事业单位从事涉及国家秘密的业务，应当与其签订保密协议，提出保密要求，采取保密措施。

第四十三条 在涉密岗位工作的人员（以下简称涉密人员），按照涉密程度分为核心涉密人员、重要涉密人员和一般涉密人员，实行分类管理。

任用、聘用涉密人员应当按照国家有关规定进行审查。

涉密人员应当具有良好的政治素质和品行，经过保密教育培训，具备胜任涉密岗位的工作能力和保密知识技能，签订保密承诺书，严格遵守国家保密规定，承担保密责任。

涉密人员的合法权益受法律保护。对因保密原因合法权益受到影响和限制的涉密人员，按照国家有关规定给予相应待遇或者补偿。

第四十四条 机关、单位应当建立健全涉密人员管理制度，明确涉密人员的权利、岗位责任和要求，对涉密人员履行职责情况开展经常性的监督检查。

第四十五条 涉密人员出境应当经有关部门批准，有关机关认为涉密人员出境将对国家安全造成危害或者对国家利益造成重大损失的，不得批准出境。

第四十六条 涉密人员离岗离职应当遵守国家保密规定。机关、单位应当开展保密教育提醒，清退国家秘密载体，实行脱密期管理。涉密人员在脱密期内，不得违反规定就业和出境，不得以任何方式泄露国家秘密；脱密期结束后，应当遵守国家保密规定，对知悉的国家秘密继续履行保密义务。涉密人员严重违反离岗离职及脱密期国家保密规定的，机关、单位应当及时报告同级保密行政管理部门，由保密行政管理部门会同有关部门依法采取处置措施。

第四十七条 国家工作人员或者其他公民发现国家秘密已经泄露或者可能泄露时，应当立即采取补救措施并及时报告有关机关、单位。机关、单位接到报告后，应当立即作出处理，并及时向保密行政管理部门报告。

第四章　监督管理

第四十八条　国家保密行政管理部门依照法律、行政法规的规定，制定保密规章和国家保密标准。

第四十九条　保密行政管理部门依法组织开展保密宣传教育、保密检查、保密技术防护、保密违法案件调查处理工作，对保密工作进行指导和监督管理。

第五十条　保密行政管理部门发现国家秘密确定、变更或者解除不当的，应当及时通知有关机关、单位予以纠正。

第五十一条　保密行政管理部门依法对机关、单位遵守保密法律法规和相关制度的情况进行检查；涉嫌保密违法的，应当及时调查处理或者组织、督促有关机关、单位调查处理；涉嫌犯罪的，应当依法移送监察机关、司法机关处理。

对严重违反国家保密规定的涉密人员，保密行政管理部门应当建议有关机关、单位将其调离涉密岗位。

有关机关、单位和个人应当配合保密行政管理部门依法履行职责。

第五十二条　保密行政管理部门在保密检查和案件调查处理中，可以依法查阅有关材料、询问人员、记录情况，先行登记保存有关设施、设备、文件资料等；必要时，可以进行保密技术检测。

保密行政管理部门对保密检查和案件调查处理中发现的非法获

取、持有的国家秘密载体，应当予以收缴；发现存在泄露国家秘密隐患的，应当要求采取措施，限期整改；对存在泄露国家秘密隐患的设施、设备、场所，应当责令停止使用。

第五十三条　办理涉嫌泄露国家秘密案件的机关，需要对有关事项是否属于国家秘密、属于何种密级进行鉴定的，由国家保密行政管理部门或者省、自治区、直辖市保密行政管理部门鉴定。

第五十四条　机关、单位对违反国家保密规定的人员不依法给予处分的，保密行政管理部门应当建议纠正；对拒不纠正的，提请其上一级机关或者监察机关对该机关、单位负有责任的领导人员和直接责任人员依法予以处理。

第五十五条　设区的市级以上保密行政管理部门建立保密风险评估机制、监测预警制度、应急处置制度，会同有关部门开展信息收集、分析、通报工作。

第五十六条　保密协会等行业组织依照法律、行政法规的规定开展活动，推动行业自律，促进行业健康发展。

第五章　法律责任

第五十七条　违反本法规定，有下列情形之一，根据情节轻重，依法给予处分；有违法所得的，没收违法所得：

（一）非法获取、持有国家秘密载体的；

（二）买卖、转送或者私自销毁国家秘密载体的；

（三）通过普通邮政、快递等无保密措施的渠道传递国家秘密载体的；

（四）寄递、托运国家秘密载体出境，或者未经有关主管部门批准，携带、传递国家秘密载体出境的；

（五）非法复制、记录、存储国家秘密的；

（六）在私人交往和通信中涉及国家秘密的；

（七）未按照国家保密规定和标准采取有效保密措施，在互联网及其他公共信息网络或者有线和无线通信中传递国家秘密的；

（八）未按照国家保密规定和标准采取有效保密措施，将涉密信息系统、涉密信息设备接入互联网及其他公共信息网络的；

（九）未按照国家保密规定和标准采取有效保密措施，在涉密信息系统、涉密信息设备与互联网及其他公共信息网络之间进行信息交换的；

（十）使用非涉密信息系统、非涉密信息设备存储、处理国家秘密的；

（十一）擅自卸载、修改涉密信息系统的安全技术程序、管理程序的；

（十二）将未经安全技术处理的退出使用的涉密信息设备赠送、出售、丢弃或者改作其他用途的；

（十三）其他违反本法规定的情形。

有前款情形尚不构成犯罪，且不适用处分的人员，由保密行政管理部门督促其所在机关、单位予以处理。

第五十八条 机关、单位违反本法规定，发生重大泄露国家秘密案件的，依法对直接负责的主管人员和其他直接责任人员给予处分。不适用处分的人员，由保密行政管理部门督促其主管部门予以处理。

机关、单位违反本法规定，对应当定密的事项不定密，对不应当定密的事项定密，或者未履行解密审核责任，造成严重后果的，依法对直接负责的主管人员和其他直接责任人员给予处分。

第五十九条 网络运营者违反本法第三十四条规定的，由公安机关、国家安全机关、电信主管部门、保密行政管理部门按照各自职责分工依法予以处罚。

第六十条 取得保密资质的企业事业单位违反国家保密规定的，由保密行政管理部门责令限期整改，给予警告或者通报批评；有违法所得的，没收违法所得；情节严重的，暂停涉密业务、降低资质等级；情节特别严重的，吊销保密资质。

未取得保密资质的企业事业单位违法从事本法第四十一条第二款规定的涉密业务的，由保密行政管理部门责令停止涉密业务，给予警告或者通报批评；有违法所得的，没收违法所得。

第六十一条 保密行政管理部门的工作人员在履行保密管理职责中滥用职权、玩忽职守、徇私舞弊的，依法给予处分。

第六十二条 违反本法规定，构成犯罪的，依法追究刑事责任。

第六章 附 则

第六十三条 中国人民解放军和中国人民武装警察部队开展保密工作的具体规定，由中央军事委员会根据本法制定。

第六十四条 机关、单位对履行职能过程中产生或者获取的不属于国家秘密但泄露后会造成一定不利影响的事项，适用工作秘密管理办法采取必要的保护措施。工作秘密管理办法另行规定。

第六十五条 本法自 2024 年 5 月 1 日起施行。

中华人民共和国行政处罚法（节选）

(1996年3月17日第八届全国人民代表大会第四次会议通过
根据2009年8月27日第十一届全国人民代表大会常务委员会第十次会议
《关于修改部分法律的决定》第一次修正
根据2017年9月1日第十二届全国人民代表大会常务委员会第二十九次会议
《关于修改〈中华人民共和国法官法〉等八部法律的决定》第二次修正
2021年1月22日第十三届全国人民代表大会常务委员会第二十五次会议修订
2021年1月22日中华人民共和国主席令第七十号公布)

第一章 总 则

第五条 行政处罚遵循公正、公开的原则。

设定和实施行政处罚必须以事实为依据，与违法行为的事实、性质、情节以及社会危害程度相当。

对违法行为给予行政处罚的规定必须公布；未经公布的，不得作为行政处罚的依据。

第三章 行政处罚的实施机关

第二十条 行政机关依照法律、法规、规章的规定，可以在其法定权限内书面委托符合本法第二十一条规定条件的组织实施行政处罚。行政机关不得委托其他组织或者个人实施行政处罚。

委托书应当载明委托的具体事项、权限、期限等内容。委托行政机关和受委托组织应当将委托书向社会公布。

委托行政机关对受委托组织实施行政处罚的行为应当负责监督，并对该行为的后果承担法律责任。

受委托组织在委托范围内，以委托行政机关名义实施行政处罚；不得再委托其他组织或者个人实施行政处罚。

第四章　行政处罚的管辖和适用

第二十四条　省、自治区、直辖市根据当地实际情况，可以决定将基层管理迫切需要的县级人民政府部门的行政处罚权交由能够有效承接的乡镇人民政府、街道办事处行使，并定期组织评估。决定应当公布。

承接行政处罚权的乡镇人民政府、街道办事处应当加强执法能力建设，按照规定范围、依照法定程序实施行政处罚。

有关地方人民政府及其部门应当加强组织协调、业务指导、执法监督，建立健全行政处罚协调配合机制，完善评议、考核制度。

第三十四条　行政机关可以依法制定行政处罚裁量基准，规范行使行政处罚裁量权。行政处罚裁量基准应当向社会公布。

第五章　行政处罚的决定

第四十一条　行政机关依照法律、行政法规规定利用电子技术监控设备收集、固定违法事实的，应当经过法制和技术审核，确保电子技术监控设备符合标准、设置合理、标志明显，设置地点应当向社会公布。

电子技术监控设备记录违法事实应当真实、清晰、完整、准确。行政机关应当审核记录内容是否符合要求；未经审核或者经审核不符合要求的，不得作为行政处罚的证据。

行政机关应当及时告知当事人违法事实，并采取信息化手段或者其他措施，为当事人查询、陈述和申辩提供便利。不得限制或者变相限制当事人享有的陈述权、申辩权。

第五十条 行政机关及其工作人员对实施行政处罚过程中知悉的国家秘密、商业秘密或者个人隐私，应当依法予以保密。

第六十四条 听证应当依照以下程序组织：

（一）当事人要求听证的，应当在行政机关告知后五日内提出；

（二）行政机关应当在举行听证的七日前，通知当事人及有关人员听证的时间、地点；

（三）除涉及国家秘密、商业秘密或者个人隐私依法予以保密外，听证公开举行；

（四）听证由行政机关指定的非本案调查人员主持；当事人认为主持人与本案有直接利害关系的，有权申请回避；

（五）当事人可以亲自参加听证，也可以委托一至二人代理；

（六）当事人及其代理人无正当理由拒不出席听证或者未经许可中途退出听证的，视为放弃听证权利，行政机关终止听证；

（七）举行听证时，调查人员提出当事人违法的事实、证据和行政处罚建议，当事人进行申辩和质证；

（八）听证应当制作笔录。笔录应当交当事人或者其代理人核对无误后签字或者盖章。当事人或者其代理人拒绝签字或者盖章的，由听证主持人在笔录中注明。

中华人民共和国行政许可法（节选）

(2003年8月27日第十届全国人民代表大会常务委员会第四次会议通过 根据2019年4月23日第十三届全国人民代表大会常务委员会第十次会议《关于修改〈中华人民共和国建筑法〉等八部法律的决定》修正 2019年4月23日中华人民共和国主席令第二十九号公布）

第一章 总 则

第五条 设定和实施行政许可，应当遵循公开、公平、公正、非歧视的原则。

有关行政许可的规定应当公布；未经公布的，不得作为实施行政许可的依据。行政许可的实施和结果，除涉及国家秘密、商业秘密或者个人隐私的外，应当公开。未经申请人同意，行政机关及其工作人员、参与专家评审等的人员不得披露申请人提交的商业秘密、未披露信息或者保密商务信息，法律另有规定或者涉及国家安全、重大社会公共利益的除外；行政机关依法公开申请人前述信息的，允许申请人在合理期限内提出异议。

符合法定条件、标准的，申请人有依法取得行政许可的平等权利，行政机关不得歧视任何人。

第四章 行政许可的实施程序

第三十三条 行政机关应当建立和完善有关制度，推行电子政务，在行政机关的网站上公布行政许可事项，方便申请人采取数据电文等方式提出行政许可申请；应当与其他行政机关共享有关行政许可信息，提高办事效率。

第四十条 行政机关作出的准予行政许可决定，应当予以公开，公众有权查阅。

第四十八条 听证按照下列程序进行：

（一）行政机关应当于举行听证的七日前将举行听证的时间、地点通知申请人、利害关系人，必要时予以公告；

（二）听证应当公开举行；

（三）行政机关应当指定审查该行政许可申请的工作人员以外的人员为听证主持人，申请人、利害关系人认为主持人与该行政许可事项有直接利害关系的，有权申请回避；

（四）举行听证时，审查该行政许可申请的工作人员应当提供审查意见的证据、理由，申请人、利害关系人可以提出证据，并进行申辩和质证；

（五）听证应当制作笔录，听证笔录应当交听证参加人确认无误后签字或者盖章。

行政机关应当根据听证笔录，作出行政许可决定。

第五十四条 实施本法第十二条第三项所列事项的行政许可，赋予公民特定资格，依法应当举行国家考试的，行政机关根据考试成绩和其他法定条件作出行政许可决定；赋予法人或者其他组织特定的资格、资质的，行政机关根据申请人的专业人员构成、技术条件、经营业绩和管理水平等的考核结果作出行政许可决定。但是，法律、行政法规另有规定的，依照其规定。

公民特定资格的考试依法由行政机关或者行业组织实施，公开举行。行政机关或者行业组织应当事先公布资格考试的报名条件、报考办法、考试科目以及考试大纲。但是，不得组织强制性的资格考试的考前培训，不得指定教材或者其他助考材料。

第七章　法律责任

第七十二条　行政机关及其工作人员违反本法的规定，有下列情形之一的，由其上级行政机关或者监察机关责令改正；情节严重的，对直接负责的主管人员和其他直接责任人员依法给予行政处分：

（一）对符合法定条件的行政许可申请不予受理的；

（二）不在办公场所公示依法应当公示的材料的；

（三）在受理、审查、决定行政许可过程中，未向申请人、利害关系人履行法定告知义务的；

（四）申请人提交的申请材料不齐全、不符合法定形式，不一次告知申请人必须补正的全部内容的；

（五）违法披露申请人提交的商业秘密、未披露信息或者保密商务信息的；

（六）以转让技术作为取得行政许可的条件，或者在实施行政许可的过程中直接或者间接地要求转让技术的；

（七）未依法说明不受理行政许可申请或者不予行政许可的理由的；

（八）依法应当举行听证而不举行听证的。

中华人民共和国行政复议法（节选）

（1999年4月29日第九届全国人民代表大会常务委员会第九次会议通过

根据2009年8月27日第十一届全国人民代表大会常务委员会第十次会议

《关于修改部分法律的决定》第一次修正

根据2017年9月1日第十二届全国人民代表大会常务委员会第二十九次会议

《关于修改〈中华人民共和国法官法〉等八部法律的决定》第二次修正

2023年9月1日第十四届全国人民代表大会常务委员会第五次会议修订

2023年9月1日中华人民共和国主席令第九号公布）

第二章 行政复议申请

第十一条 有下列情形之一的，公民、法人或者其他组织可以依照本法申请行政复议：

（一）对行政机关作出的行政处罚决定不服；

（二）对行政机关作出的行政强制措施、行政强制执行决定不服；

（三）申请行政许可，行政机关拒绝或者在法定期限内不予答复，或者对行政机关作出的有关行政许可的其他决定不服；

（四）对行政机关作出的确认自然资源的所有权或者使用权的决定不服；

（五）对行政机关作出的征收征用决定及其补偿决定不服；

（六）对行政机关作出的赔偿决定或者不予赔偿决定不服；

（七）对行政机关作出的不予受理工伤认定申请的决定或者工伤认定结论不服；

（八）认为行政机关侵犯其经营自主权或者农村土地承包经营权、农村土地经营权；

（九）认为行政机关滥用行政权力排除或者限制竞争；

（十）认为行政机关违法集资、摊派费用或者违法要求履行其他义务；

（十一）申请行政机关履行保护人身权利、财产权利、受教育权利等合法权益的法定职责，行政机关拒绝履行、未依法履行或者不予答复；

（十二）申请行政机关依法给付抚恤金、社会保险待遇或者最低生活保障等社会保障，行政机关没有依法给付；

（十三）认为行政机关不依法订立、不依法履行、未按照约定履行或者违法变更、解除政府特许经营协议、土地房屋征收补偿协议等行政协议；

（十四）认为行政机关在政府信息公开工作中侵犯其合法权益；

（十五）认为行政机关的其他行政行为侵犯其合法权益。

第二十三条 有下列情形之一的，申请人应当先向行政复议机关申请行政复议，对行政复议决定不服的，可以再依法向人民法院提起行政诉讼：

（一）对当场作出的行政处罚决定不服；

（二）对行政机关作出的侵犯其已经依法取得的自然资源的所有权或者使用权的决定不服；

（三）认为行政机关存在本法第十一条规定的未履行法定职责情形；

（四）申请政府信息公开，行政机关不予公开；

（五）法律、行政法规规定应当先向行政复议机关申请行政复议的其他情形。

对前款规定的情形，行政机关在作出行政行为时应当告知公民、法人或者其他组织先向行政复议机关申请行政复议。

第四章　行政复议审理

第三十六条　行政复议机关受理行政复议申请后，依照本法适用普通程序或者简易程序进行审理。行政复议机构应当指定行政复议人员负责办理行政复议案件。

行政复议人员对办理行政复议案件过程中知悉的国家秘密、商业秘密和个人隐私，应当予以保密。

第四十七条　行政复议期间，申请人、第三人及其委托代理人可以按照规定查阅、复制被申请人提出的书面答复、作出行政行为的证据、依据和其他有关材料，除涉及国家秘密、商业秘密、个人隐私或者可能危及国家安全、公共安全、社会稳定的情形外，行政复议机构应当同意。

第五十三条　行政复议机关审理下列行政复议案件，认为事实清楚、权利义务关系明确、争议不大的，可以适用简易程序：

（一）被申请行政复议的行政行为是当场作出；

（二）被申请行政复议的行政行为是警告或者通报批评；

（三）案件涉及款额三千元以下；

（四）属于政府信息公开案件。

除前款规定以外的行政复议案件，当事人各方同意适用简易程序的，可以适用简易程序。

第五章　行政复议决定

第七十九条　行政复议机关根据被申请行政复议的行政行为的公开情况，按照国家有关规定将行政复议决定书向社会公开。

县级以上地方各级人民政府办理以本级人民政府工作部门为被申请人的行政复议案件，应当将发生法律效力的行政复议决定书、意见书同时抄告被申请人的上一级主管部门。

中华人民共和国政府采购法（节选）

（2002年6月29日第九届全国人民代表大会常务委员会第二十八次会议通过 根据2014年8月31日第十二届全国人民代表大会常务委员会第十次会议《关于修改〈中华人民共和国保险法〉等五部法律的决定》修正 2014年8月31日中华人民共和国主席令第十四号公布）

第一章 总　　则

第十一条　政府采购的信息应当在政府采购监督管理部门指定的媒体上及时向社会公开发布，但涉及商业秘密的除外。

第三章　政府采购方式

第二十六条　政府采购采用以下方式：

（一）公开招标；

（二）邀请招标；

（三）竞争性谈判；

（四）单一来源采购；

（五）询价；

（六）国务院政府采购监督管理部门认定的其他采购方式。

公开招标应作为政府采购的主要采购方式。

第二十七条 采购人采购货物或者服务应当采用公开招标方式的，其具体数额标准，属于中央预算的政府采购项目，由国务院规定；属于地方预算的政府采购项目，由省、自治区、直辖市人民政府规定；因特殊情况需要采用公开招标以外的采购方式的，应当在采购活动开始前获得设区的市、自治州以上人民政府采购监督管理部门的批准。

第七章　监督检查

第六十三条 政府采购项目的采购标准应当公开。

采用本法规定的采购方式的，采购人在采购活动完成后，应当将采购结果予以公布。

第九章　附　　则

第八十五条 对因严重自然灾害和其他不可抗力事件所实施的紧急采购和涉及国家安全和秘密的采购，不适用本法。

中华人民共和国招标投标法（节选）

（1999年8月30日第九届全国人民代表大会常务委员会第十一次会议通过 根据2017年12月27日第十二届全国人民代表大会常务委员会第三十一次会议《关于修改〈中华人民共和国招标投标法〉、〈中华人民共和国计量法〉的决定》修正 2017年12月27日中华人民共和国主席令第八十六号公布）

第二章 招　　标

第十六条　招标人采用公开招标方式的，应当发布招标公告。依法必须进行招标的项目的招标公告，应当通过国家指定的报刊、信息网络或者其他媒介发布。

招标公告应当载明招标人的名称和地址、招标项目的性质、数量、实施地点和时间以及获取招标文件的办法等事项。

第四章　开标、评标和中标

第三十四条　开标应当在招标文件确定的提交投标文件截止时间的同一时间公开进行；开标地点应当为招标文件中预先确定的地点。

第六章　附　　则

第六十六条　涉及国家安全、国家秘密、抢险救灾或者属于利用扶贫资金实行以工代赈、需要使用农民工等特殊情况，不适宜进行招标的项目，按照国家有关规定可以不进行招标。

中华人民共和国数据安全法（节选）

(2021 年 6 月 10 日第十三届全国人民代表大会常务委员会第二十九次会议通过 2021 年 6 月 10 日中华人民共和国主席令第八十四号公布)

第七章　附　　则

第五十三条　开展涉及国家秘密的数据处理活动，适用《中华人民共和国保守国家秘密法》等法律、行政法规的规定。

在统计、档案工作中开展数据处理活动，开展涉及个人信息的数据处理活动，还应当遵守有关法律、行政法规的规定。

中华人民共和国刑法（节选）

(1979 年 7 月 1 日第五届全国人民代表大会第二次会议通过 1997 年 3 月 14 日第八届全国人民代表大会第五次会议修订 根据 1998 年 12 月 29 日《全国人民代表大会常务委员会关于惩治骗购外汇、逃汇和非法买卖外汇犯罪的决定》、1999 年 12 月 25 日《中华人民共和国刑法修正案》、2001 年 8 月 31 日《中华人民共和国刑法修正案（二）》、2001 年 12 月 29 日《中华人民共和国刑法修正案（三）》、2002 年 12 月 28 日《中华人民共和国刑法修正案（四）》、2005 年 2 月 28 日《中华人民共和国刑法修正案（五）》、2006 年 6 月 29 日《中华人民共和国刑法修正案（六）》、2009 年 2 月 28 日《中华人民共和国刑法修正案（七）》、2009 年 8 月 27 日《全国人民代表大会常务委员会关于修改部分法律的决定》、2011 年 2 月 25 日《中华人民共和国刑法修正案（八）》、2015 年 8 月 29 日《中华人民共和国刑法修正案（九）》、2017 年 11 月 4 日《中华人民共和国刑法修正案（十）》、2020 年 12 月 26 日《中华人民共和国刑法修正案（十一）》和 2023 年 12 月 29 日《中华人民共和国刑法修正案（十二）》修正)

第二编 分 则

第一章 危害国家安全罪

第一百零九条 国家机关工作人员在履行公务期间，擅离岗位，叛逃境外或者在境外叛逃的，处五年以下有期徒刑、拘役、管制或者剥夺政治权利；情节严重的，处五年以上十年以下有期徒刑。

掌握国家秘密的国家工作人员叛逃境外或者在境外叛逃的，依照前款的规定从重处罚。

第一百一十条 有下列间谍行为之一，危害国家安全的，处十年以上有期徒刑或者无期徒刑；情节较轻的，处三年以上十年以下有期徒刑：

（一）参加间谍组织或者接受间谍组织及其代理人的任务的；

（二）为敌人指示轰击目标的。

第一百一十一条 为境外的机构、组织、人员窃取、刺探、收买、非法提供国家秘密或者情报的，处五年以上十年以下有期徒刑；情节特别严重的，处十年以上有期徒刑或者无期徒刑；情节较轻的，处五年以下有期徒刑、拘役、管制或者剥夺政治权利。

第六章　妨害社会管理秩序罪

第二百八十二条 以窃取、刺探、收买方法，非法获取国家秘密的，处三年以下有期徒刑、拘役、管制或者剥夺政治权利；情节严重的，处三年以上七年以下有期徒刑。

非法持有属于国家绝密、机密的文件、资料或者其他物品，拒不说明来源与用途的，处三年以下有期徒刑、拘役或者管制。

第二百八十七条 利用计算机实施金融诈骗、盗窃、贪污、挪用公款、窃取国家秘密或者其他犯罪的，依照本法有关规定定罪处罚。

第九章　渎职罪

第三百九十八条　国家机关工作人员违反保守国家秘密法的规定，故意或者过失泄露国家秘密，情节严重的，处三年以下有期徒刑或者拘役；情节特别严重的，处三年以上七年以下有期徒刑。

非国家机关工作人员犯前款罪的，依照前款的规定酌情处罚。

第十章　军人违反职责罪

第四百三十一条　以窃取、刺探、收买方法，非法获取军事秘密的，处五年以下有期徒刑；情节严重的，处五年以上十年以下有期徒刑；情节特别严重的，处十年以上有期徒刑。

为境外的机构、组织、人员窃取、刺探、收买、非法提供军事秘密的，处五年以上十年以下有期徒刑；情节严重的，处十年以上有期徒刑、无期徒刑或者死刑。

第四百三十二条　违反保守国家秘密法规，故意或者过失泄露军事秘密，情节严重的，处五年以下有期徒刑或者拘役；情节特别严重的，处五年以上十年以下有期徒刑。

战时犯前款罪的，处五年以上十年以下有期徒刑；情节特别严重的，处十年以上有期徒刑或者无期徒刑。

中华人民共和国监察法（节选）

(2018年3月20日第十三届全国人民代表大会第一次会议通过 2018年3月20日中华人民共和国主席令第三号公布)

第四章 监察权限

第十八条 监察机关行使监督、调查职权，有权依法向有关单位和个人了解情况，收集、调取证据。有关单位和个人应当如实提供。

监察机关及其工作人员对监督、调查过程中知悉的国家秘密、商业秘密、个人隐私，应当保密。

任何单位和个人不得伪造、隐匿或者毁灭证据。

第七章 对监察机关和监察人员的监督

第五十六条 监察人员必须模范遵守宪法和法律，忠于职守、秉公执法，清正廉洁、保守秘密；必须具有良好的政治素质，熟悉监察业务，具备运用法律、法规、政策和调查取证等能力，自觉接受监督。

第五十九条 监察机关涉密人员离岗离职后，应当遵守脱密期管理规定，严格履行保密义务，不得泄露相关秘密。

监察人员辞职、退休三年内，不得从事与监察和司法工作相关联且可能发生利益冲突的职业。

中华人民共和国公务员法（节选）

（2005年4月27日第十届全国人民代表大会常务委员会第十五次会议通过 根据2017年9月1日第十二届全国人民代表大会常务委员会第二十九次会议《关于修改〈中华人民共和国法官法〉等八部法律的决定》修正 2018年12月29日第十三届全国人民代表大会常务委员会第七次会议修订 2018年12月29日中华人民共和国主席令第二十号公布）

第二章 公务员的条件、义务与权利

第十四条 公务员应当履行下列义务：

（一）忠于宪法，模范遵守、自觉维护宪法和法律，自觉接受中国共产党领导；

（二）忠于国家，维护国家的安全、荣誉和利益；

（三）忠于人民，全心全意为人民服务，接受人民监督；

（四）忠于职守，勤勉尽责，服从和执行上级依法作出的决定和命令，按照规定的权限和程序履行职责，努力提高工作质量和效率；

（五）保守国家秘密和工作秘密；

（六）带头践行社会主义核心价值观，坚守法治，遵守纪律，恪守职业道德，模范遵守社会公德、家庭美德；

（七）清正廉洁，公道正派；

（八）法律规定的其他义务。

第九章　监督与惩戒

第五十九条　公务员应当遵纪守法，不得有下列行为：

（一）散布有损宪法权威、中国共产党和国家声誉的言论，组织或者参加旨在反对宪法、中国共产党领导和国家的集会、游行、示威等活动；

（二）组织或者参加非法组织，组织或者参加罢工；

（三）挑拨、破坏民族关系，参加民族分裂活动或者组织、利用宗教活动破坏民族团结和社会稳定；

（四）不担当，不作为，玩忽职守，贻误工作；

（五）拒绝执行上级依法作出的决定和命令；

（六）对批评、申诉、控告、检举进行压制或者打击报复；

（七）弄虚作假，误导、欺骗领导和公众；

（八）贪污贿赂，利用职务之便为自己或者他人谋取私利；

（九）违反财经纪律，浪费国家资财；

（十）滥用职权，侵害公民、法人或者其他组织的合法权益；

（十一）泄露国家秘密或者工作秘密；

（十二）在对外交往中损害国家荣誉和利益；

（十三）参与或者支持色情、吸毒、赌博、迷信等活动；

（十四）违反职业道德、社会公德和家庭美德；

（十五）违反有关规定参与禁止的网络传播行为或者网络活动；

（十六）违反有关规定从事或者参与营利性活动，在企业或者其他营利性组织中兼任职务；

（十七）旷工或者因公外出、请假期满无正当理由逾期不归；

（十八）违纪违法的其他行为。

第十三章　辞职与辞退

第八十六条　公务员有下列情形之一的，不得辞去公职：

（一）未满国家规定的最低服务年限的；

（二）在涉及国家秘密等特殊职位任职或者离开上述职位不满国家规定的脱密期限的；

（三）重要公务尚未处理完毕，且须由本人继续处理的；

（四）正在接受审计、纪律审查、监察调查，或者涉嫌犯罪，司法程序尚未终结的；

（五）法律、行政法规规定的其他不得辞去公职的情形。

第十六章　职位聘任

第一百条　机关根据工作需要，经省级以上公务员主管部门批准，可以对专业性较强的职位和辅助性职位实行聘任制。

前款所列职位涉及国家秘密的，不实行聘任制。

中华人民共和国公职人员政务处分法（节选）

(2020年6月20日第十三届全国人民代表大会常务委员会第十九次会议通过 2020年6月20日中华人民共和国主席令第四十六号公布)

第三章　违法行为及其适用的政务处分

第三十八条 有下列行为之一，情节较重的，予以警告、记过或者记大过；情节严重的，予以降级或者撤职：

（一）违反规定向管理服务对象收取、摊派财物的；

（二）在管理服务活动中故意刁难、吃拿卡要的；

（三）在管理服务活动中态度恶劣粗暴，造成不良后果或者影响的；

（四）不按照规定公开工作信息，侵犯管理服务对象知情权，造成不良后果或者影响的；

（五）其他侵犯管理服务对象利益的行为，造成不良后果或者影响的。

有前款第一项、第二项和第五项行为，情节特别严重的，予以开除。

第三十九条 有下列行为之一，造成不良后果或者影响的，予以警告、记过或者记大过；情节较重的，予以降级或者撤职；情节严重的，予以开除：

（一）滥用职权，危害国家利益、社会公共利益或者侵害公民、法人、其他组织合法权益的；

（二）不履行或者不正确履行职责，玩忽职守，贻误工作的；

（三）工作中有形式主义、官僚主义行为的；

（四）工作中有弄虚作假，误导、欺骗行为的；

（五）泄露国家秘密、工作秘密，或者泄露因履行职责掌握的商业秘密、个人隐私的。

中华人民共和国政府信息公开条例

(2007年4月5日中华人民共和国国务院令第492号公布
2019年4月3日中华人民共和国国务院令第711号修订)

第一章 总 则

第一条 为了保障公民、法人和其他组织依法获取政府信息，提高政府工作的透明度，建设法治政府，充分发挥政府信息对人民群众生产、生活和经济社会活动的服务作用，制定本条例。

第二条 本条例所称政府信息，是指行政机关在履行行政管理职能过程中制作或者获取的，以一定形式记录、保存的信息。

第三条 各级人民政府应当加强对政府信息公开工作的组织领导。

国务院办公厅是全国政府信息公开工作的主管部门，负责推进、指导、协调、监督全国的政府信息公开工作。

县级以上地方人民政府办公厅（室）是本行政区域的政府信息公开工作主管部门，负责推进、指导、协调、监督本行政区域的政府信息公开工作。

实行垂直领导的部门的办公厅（室）主管本系统的政府信息公开工作。

第四条 各级人民政府及县级以上人民政府部门应当建立健全

本行政机关的政府信息公开工作制度，并指定机构（以下统称政府信息公开工作机构）负责本行政机关政府信息公开的日常工作。

政府信息公开工作机构的具体职能是：

（一）办理本行政机关的政府信息公开事宜；

（二）维护和更新本行政机关公开的政府信息；

（三）组织编制本行政机关的政府信息公开指南、政府信息公开目录和政府信息公开工作年度报告；

（四）组织开展对拟公开政府信息的审查；

（五）本行政机关规定的与政府信息公开有关的其他职能。

第五条 行政机关公开政府信息，应当坚持以公开为常态、不公开为例外，遵循公正、公平、合法、便民的原则。

第六条 行政机关应当及时、准确地公开政府信息。

行政机关发现影响或者可能影响社会稳定、扰乱社会和经济管理秩序的虚假或者不完整信息的，应当发布准确的政府信息予以澄清。

第七条 各级人民政府应当积极推进政府信息公开工作，逐步增加政府信息公开的内容。

第八条 各级人民政府应当加强政府信息资源的规范化、标准化、信息化管理，加强互联网政府信息公开平台建设，推进政府信息公开平台与政务服务平台融合，提高政府信息公开在线办理水平。

第九条 公民、法人和其他组织有权对行政机关的政府信息公开工作进行监督，并提出批评和建议。

第二章　公开的主体和范围

第十条　行政机关制作的政府信息，由制作该政府信息的行政机关负责公开。行政机关从公民、法人和其他组织获取的政府信息，由保存该政府信息的行政机关负责公开；行政机关获取的其他行政机关的政府信息，由制作或者最初获取该政府信息的行政机关负责公开。法律、法规对政府信息公开的权限另有规定的，从其规定。

行政机关设立的派出机构、内设机构依照法律、法规对外以自己名义履行行政管理职能的，可以由该派出机构、内设机构负责与所履行行政管理职能有关的政府信息公开工作。

两个以上行政机关共同制作的政府信息，由牵头制作的行政机关负责公开。

第十一条　行政机关应当建立健全政府信息公开协调机制。行政机关公开政府信息涉及其他机关的，应当与有关机关协商、确认，保证行政机关公开的政府信息准确一致。

行政机关公开政府信息依照法律、行政法规和国家有关规定需要批准的，经批准予以公开。

第十二条　行政机关编制、公布的政府信息公开指南和政府信息公开目录应当及时更新。

政府信息公开指南包括政府信息的分类、编排体系、获取方式和政府信息公开工作机构的名称、办公地址、办公时间、联系电话、传真号码、互联网联系方式等内容。

政府信息公开目录包括政府信息的索引、名称、内容概述、生成日期等内容。

第十三条 除本条例第十四条、第十五条、第十六条规定的政府信息外，政府信息应当公开。

行政机关公开政府信息，采取主动公开和依申请公开的方式。

第十四条 依法确定为国家秘密的政府信息，法律、行政法规禁止公开的政府信息，以及公开后可能危及国家安全、公共安全、经济安全、社会稳定的政府信息，不予公开。

第十五条 涉及商业秘密、个人隐私等公开会对第三方合法权益造成损害的政府信息，行政机关不得公开。但是，第三方同意公开或者行政机关认为不公开会对公共利益造成重大影响的，予以公开。

第十六条 行政机关的内部事务信息，包括人事管理、后勤管理、内部工作流程等方面的信息，可以不予公开。

行政机关在履行行政管理职能过程中形成的讨论记录、过程稿、磋商信函、请示报告等过程性信息以及行政执法案卷信息，可以不予公开。法律、法规、规章规定上述信息应当公开的，从其规定。

第十七条 行政机关应当建立健全政府信息公开审查机制，明确审查的程序和责任。

行政机关应当依照《中华人民共和国保守国家秘密法》以及其他法律、法规和国家有关规定对拟公开的政府信息进行审查。

行政机关不能确定政府信息是否可以公开的，应当依照法律、法规和国家有关规定报有关主管部门或者保密行政管理部门确定。

第十八条 行政机关应当建立健全政府信息管理动态调整机制，对本行政机关不予公开的政府信息进行定期评估审查，对因情势变化可以公开的政府信息应当公开。

第三章 主动公开

第十九条 对涉及公众利益调整、需要公众广泛知晓或者需要公众参与决策的政府信息，行政机关应当主动公开。

第二十条 行政机关应当依照本条例第十九条的规定，主动公开本行政机关的下列政府信息：

（一）行政法规、规章和规范性文件；

（二）机关职能、机构设置、办公地址、办公时间、联系方式、负责人姓名；

（三）国民经济和社会发展规划、专项规划、区域规划及相关政策；

（四）国民经济和社会发展统计信息；

（五）办理行政许可和其他对外管理服务事项的依据、条件、程序以及办理结果；

（六）实施行政处罚、行政强制的依据、条件、程序以及本行政机关认为具有一定社会影响的行政处罚决定；

（七）财政预算、决算信息；

（八）行政事业性收费项目及其依据、标准；

（九）政府集中采购项目的目录、标准及实施情况；

（十）重大建设项目的批准和实施情况；

（十一）扶贫、教育、医疗、社会保障、促进就业等方面的政策、措施及其实施情况；

（十二）突发公共事件的应急预案、预警信息及应对情况；

（十三）环境保护、公共卫生、安全生产、食品药品、产品质量的监督检查情况；

（十四）公务员招考的职位、名额、报考条件等事项以及录用结果；

（十五）法律、法规、规章和国家有关规定规定应当主动公开的其他政府信息。

第二十一条 除本条例第二十条规定的政府信息外，设区的市级、县级人民政府及其部门还应当根据本地方的具体情况，主动公开涉及市政建设、公共服务、公益事业、土地征收、房屋征收、治安管理、社会救助等方面的政府信息；乡（镇）人民政府还应当根据本地方的具体情况，主动公开贯彻落实农业农村政策、农田水利工程建设运营、农村土地承包经营权流转、宅基地使用情况审核、土地征收、房屋征收、筹资筹劳、社会救助等方面的政府信息。

第二十二条 行政机关应当依照本条例第二十条、第二十一条的规定，确定主动公开政府信息的具体内容，并按照上级行政机关的部署，不断增加主动公开的内容。

第二十三条 行政机关应当建立健全政府信息发布机制，将主动公开的政府信息通过政府公报、政府网站或者其他互联网政务媒体、新闻发布会以及报刊、广播、电视等途径予以公开。

第二十四条 各级人民政府应当加强依托政府门户网站公开政府信息的工作，利用统一的政府信息公开平台集中发布主动公开的政府信息。政府信息公开平台应当具备信息检索、查阅、下载等功能。

第二十五条 各级人民政府应当在国家档案馆、公共图书馆、政务服务场所设置政府信息查阅场所，并配备相应的设施、设备，为公民、法人和其他组织获取政府信息提供便利。

行政机关可以根据需要设立公共查阅室、资料索取点、信息公告栏、电子信息屏等场所、设施，公开政府信息。

行政机关应当及时向国家档案馆、公共图书馆提供主动公开的政府信息。

第二十六条 属于主动公开范围的政府信息，应当自该政府信息形成或者变更之日起20个工作日内及时公开。法律、法规对政府信息公开的期限另有规定的，从其规定。

第四章 依申请公开

第二十七条 除行政机关主动公开的政府信息外，公民、法人或者其他组织可以向地方各级人民政府、对外以自己名义履行行政管理职能的县级以上人民政府部门（含本条例第十条第二款规定的派出机构、内设机构）申请获取相关政府信息。

第二十八条 本条例第二十七条规定的行政机关应当建立完善政府信息公开申请渠道，为申请人依法申请获取政府信息提供便利。

第二十九条 公民、法人或者其他组织申请获取政府信息的，应当向行政机关的政府信息公开工作机构提出，并采用包括信件、数据电文在内的书面形式；采用书面形式确有困难的，申请人可以口头提出，由受理该申请的政府信息公开工作机构代为填写政府信息公开申请。

政府信息公开申请应当包括下列内容：

（一）申请人的姓名或者名称、身份证明、联系方式；

（二）申请公开的政府信息的名称、文号或者便于行政机关查询的其他特征性描述；

（三）申请公开的政府信息的形式要求，包括获取信息的方式、途径。

第三十条　政府信息公开申请内容不明确的，行政机关应当给予指导和释明，并自收到申请之日起 7 个工作日内一次性告知申请人作出补正，说明需要补正的事项和合理的补正期限。答复期限自行政机关收到补正的申请之日起计算。申请人无正当理由逾期不补正的，视为放弃申请，行政机关不再处理该政府信息公开申请。

第三十一条　行政机关收到政府信息公开申请的时间，按照下列规定确定：

（一）申请人当面提交政府信息公开申请的，以提交之日为收到申请之日；

（二）申请人以邮寄方式提交政府信息公开申请的，以行政机关签收之日为收到申请之日；以平常信函等无需签收的邮寄方式提交政府信息公开申请的，政府信息公开工作机构应当于收到申请的当日与申请人确认，确认之日为收到申请之日；

（三）申请人通过互联网渠道或者政府信息公开工作机构的传真提交政府信息公开申请的，以双方确认之日为收到申请之日。

第三十二条　依申请公开的政府信息公开会损害第三方合法权益的，行政机关应当书面征求第三方的意见。第三方应当自收到征求意见书之日起 15 个工作日内提出意见。第三方逾期未提出意见的，由行政机关依照本条例的规定决定是否公开。第三方不同意公开且有合理理由的，行政机关不予公开。行政机关认为不公开可能对公共利益造成重大影响的，可以决定予以公开，并将决定公开的政府信息内容和理由书面告知第三方。

第三十三条 行政机关收到政府信息公开申请，能够当场答复的，应当当场予以答复。

行政机关不能当场答复的，应当自收到申请之日起20个工作日内予以答复；需要延长答复期限的，应当经政府信息公开工作机构负责人同意并告知申请人，延长的期限最长不得超过20个工作日。

行政机关征求第三方和其他机关意见所需时间不计算在前款规定的期限内。

第三十四条 申请公开的政府信息由两个以上行政机关共同制作的，牵头制作的行政机关收到政府信息公开申请后可以征求相关行政机关的意见，被征求意见机关应当自收到征求意见书之日起15个工作日内提出意见，逾期未提出意见的视为同意公开。

第三十五条 申请人申请公开政府信息的数量、频次明显超过合理范围，行政机关可以要求申请人说明理由。行政机关认为申请理由不合理的，告知申请人不予处理；行政机关认为申请理由合理，但是无法在本条例第三十三条规定的期限内答复申请人的，可以确定延迟答复的合理期限并告知申请人。

第三十六条 对政府信息公开申请，行政机关根据下列情况分别作出答复：

（一）所申请公开信息已经主动公开的，告知申请人获取该政府信息的方式、途径；

（二）所申请公开信息可以公开的，向申请人提供该政府信息，或者告知申请人获取该政府信息的方式、途径和时间；

（三）行政机关依据本条例的规定决定不予公开的，告知申请人不予公开并说明理由；

（四）经检索没有所申请公开信息的，告知申请人该政府信息不存在；

（五）所申请公开信息不属于本行政机关负责公开的，告知申请人并说明理由；能够确定负责公开该政府信息的行政机关的，告知申请人该行政机关的名称、联系方式；

（六）行政机关已就申请人提出的政府信息公开申请作出答复、申请人重复申请公开相同政府信息的，告知申请人不予重复处理；

（七）所申请公开信息属于工商、不动产登记资料等信息，有关法律、行政法规对信息的获取有特别规定的，告知申请人依照有关法律、行政法规的规定办理。

第三十七条 申请公开的信息中含有不应当公开或者不属于政府信息的内容，但是能够作区分处理的，行政机关应当向申请人提供可以公开的政府信息内容，并对不予公开的内容说明理由。

第三十八条 行政机关向申请人提供的信息，应当是已制作或者获取的政府信息。除依照本条例第三十七条的规定能够作区分处理的外，需要行政机关对现有政府信息进行加工、分析的，行政机关可以不予提供。

第三十九条 申请人以政府信息公开申请的形式进行信访、投诉、举报等活动，行政机关应当告知申请人不作为政府信息公开申请处理并可以告知通过相应渠道提出。

申请人提出的申请内容为要求行政机关提供政府公报、报刊、书籍等公开出版物的，行政机关可以告知获取的途径。

第四十条 行政机关依申请公开政府信息，应当根据申请人的要求及行政机关保存政府信息的实际情况，确定提供政府信息的具体形式；按照申请人要求的形式提供政府信息，可能危及政府信息载体安全或者公开成本过高的，可以通过电子数据以及其他适当形式提供，或者安排申请人查阅、抄录相关政府信息。

第四十一条 公民、法人或者其他组织有证据证明行政机关提供的与其自身相关的政府信息记录不准确的，可以要求行政机关更正。有权更正的行政机关审核属实的，应当予以更正并告知申请人；不属于本行政机关职能范围的，行政机关可以转送有权更正的行政机关处理并告知申请人，或者告知申请人向有权更正的行政机关提出。

第四十二条 行政机关依申请提供政府信息，不收取费用。但是，申请人申请公开政府信息的数量、频次明显超过合理范围的，行政机关可以收取信息处理费。

行政机关收取信息处理费的具体办法由国务院价格主管部门会同国务院财政部门、全国政府信息公开工作主管部门制定。

第四十三条 申请公开政府信息的公民存在阅读困难或者视听障碍的，行政机关应当为其提供必要的帮助。

第四十四条 多个申请人就相同政府信息向同一行政机关提出公开申请，且该政府信息属于可以公开的，行政机关可以纳入主动公开的范围。

对行政机关依申请公开的政府信息，申请人认为涉及公众利益调整、需要公众广泛知晓或者需要公众参与决策的，可以建议行政机关将该信息纳入主动公开的范围。行政机关经审核认为属于主动公开范围的，应当及时主动公开。

第四十五条　行政机关应当建立健全政府信息公开申请登记、审核、办理、答复、归档的工作制度，加强工作规范。

第五章　监督和保障

第四十六条　各级人民政府应当建立健全政府信息公开工作考核制度、社会评议制度和责任追究制度，定期对政府信息公开工作进行考核、评议。

第四十七条　政府信息公开工作主管部门应当加强对政府信息公开工作的日常指导和监督检查，对行政机关未按照要求开展政府信息公开工作的，予以督促整改或者通报批评；需要对负有责任的领导人员和直接责任人员追究责任的，依法向有权机关提出处理建议。

公民、法人或者其他组织认为行政机关未按照要求主动公开政府信息或者对政府信息公开申请不依法答复处理的，可以向政府信息公开工作主管部门提出。政府信息公开工作主管部门查证属实的，应当予以督促整改或者通报批评。

第四十八条　政府信息公开工作主管部门应当对行政机关的政府信息公开工作人员定期进行培训。

第四十九条　县级以上人民政府部门应当在每年 1 月 31 日前向本级政府信息公开工作主管部门提交本行政机关上一年度政府信息公开工作年度报告并向社会公布。

县级以上地方人民政府的政府信息公开工作主管部门应当在每年 3 月 31 日前向社会公布本级政府上一年度政府信息公开工作年度报告。

第五十条 政府信息公开工作年度报告应当包括下列内容：

（一）行政机关主动公开政府信息的情况；

（二）行政机关收到和处理政府信息公开申请的情况；

（三）因政府信息公开工作被申请行政复议、提起行政诉讼的情况；

（四）政府信息公开工作存在的主要问题及改进情况，各级人民政府的政府信息公开工作年度报告还应当包括工作考核、社会评议和责任追究结果情况；

（五）其他需要报告的事项。

全国政府信息公开工作主管部门应当公布政府信息公开工作年度报告统一格式，并适时更新。

第五十一条 公民、法人或者其他组织认为行政机关在政府信息公开工作中侵犯其合法权益的，可以向上一级行政机关或者政府信息公开工作主管部门投诉、举报，也可以依法申请行政复议或者提起行政诉讼。

第五十二条 行政机关违反本条例的规定，未建立健全政府信息公开有关制度、机制的，由上一级行政机关责令改正；情节严重的，对负有责任的领导人员和直接责任人员依法给予处分。

第五十三条 行政机关违反本条例的规定，有下列情形之一的，由上一级行政机关责令改正；情节严重的，对负有责任的领导人员和直接责任人员依法给予处分；构成犯罪的，依法追究刑事责任：

（一）不依法履行政府信息公开职能；

（二）不及时更新公开的政府信息内容、政府信息公开指南和政府信息公开目录；

（三）违反本条例规定的其他情形。

第六章 附 则

第五十四条 法律、法规授权的具有管理公共事务职能的组织公开政府信息的活动，适用本条例。

第五十五条 教育、卫生健康、供水、供电、供气、供热、环境保护、公共交通等与人民群众利益密切相关的公共企事业单位，公开在提供社会公共服务过程中制作、获取的信息，依照相关法律、法规和国务院有关主管部门或者机构的规定执行。全国政府信息公开工作主管部门根据实际需要可以制定专门的规定。

前款规定的公共企事业单位未依照相关法律、法规和国务院有关主管部门或者机构的规定公开在提供社会公共服务过程中制作、获取的信息，公民、法人或者其他组织可以向有关主管部门或者机构申诉，接受申诉的部门或者机构应当及时调查处理并将处理结果告知申诉人。

第五十六条 本条例自2019年5月15日起施行。

行政机关公务员处分条例（节选）

(2007年4月4日国务院第173次常务会议通过

2007年4月22日中华人民共和国国务院令第495号公布)

第三章 违法违纪行为及其适用的处分

第二十六条 泄露国家秘密、工作秘密，或者泄露因履行职责掌握的商业秘密、个人隐私，造成不良后果的，给予警告、记过或者记大过处分；情节较重的，给予降级或者撤职处分；情节严重的，给予开除处分。

事业单位工作人员处分规定（节选）

(2023年11月6日中共中央组织部、人力资源社会保障部印发

人社部发〔2023〕58号)

第三章 违规违纪违法行为及其适用的处分

第十八条 有下列行为之一的，给予警告或者记过处分；情节较重的，给予降低岗位等级处分；情节严重的，给予开除处分：

（一）在执行国家重要任务、应对公共突发事件中，不服从指挥、调遣或者消极对抗的；

（二）破坏正常工作秩序，给国家或者公共利益造成损失的；

（三）违章指挥、违规操作，致使人民生命财产遭受损失的；

（四）发生重大事故、灾害、事件，擅离职守或者不按规定报告、不采取措施处置或者处置不力的；

（五）在项目评估评审、产品认证、设备检测检验等工作中徇私舞弊，或者违反规定造成不良影响的；

（六）泄露国家秘密，或者泄露因工作掌握的内幕信息、个人隐私，造成不良后果的；

（七）其他违反工作纪律失职渎职的行为。